南京城市文脉

成贤街

邓 攀 著

南京出版传媒集团
南京出版社

图书在版编目（CIP）数据

成贤街 / 邓攀著. -- 南京：南京出版社，2025.
4. --（南京城市文脉丛书）. -- ISBN 978-7-5533
-5115-5

Ⅰ. K295.31
中国国家版本馆CIP数据核字第2025J9A645号

丛 书 名　南京城市文脉
书　　名　成贤街
著　　者　邓　攀
出版发行　南京出版传媒集团
　　　　　南 京 出 版 社
社　　址　南京市玄武区太平门街53号
邮　　编　210016
联系电话　025-83283873、83283864（营销）　　025-83112257（编务）

策划统筹　卢海鸣　徐　智
责任编辑　金　欣
装帧设计　赵海玥
责任印制　杨福彬

排　　版　南京新华丰制版有限公司
印　　刷　南京凯德印刷有限公司
开　　本　787 毫米 × 1092 毫米　1/32
印　　张　5.75
字　　数　80千
版　　次　2025年4月第 1 版
印　　次　2025年4月第 1 次印刷
书　　号　ISBN 978-7-5533-5115-5
定　　价　28.00 元

总　序

南京自然环境优越，文明起源古老，历史积淀深厚，文化遗产众多，作为我国第一批历史文化名城和闻名中外的世界文化之都，享有"六朝古都""十朝都会"的美誉。古往今来，历史与文化的潮起潮落，不断拍打着这座古老的城市。六朝艺术的绝代风华，南唐文艺的尤重文雅，明清文化的宏大气象，民国小说的转型发展，南京的城市文脉犹如一幕幕接续上演的大戏，其渊源之绵长、成就之突出、风格之多元，令人目不暇接。从昔日的"天下文枢"到今天的"文学之都"，南京的文脉仍在延续，以一种深沉而持久的力量滋养着城市的发展。

南京的城市文脉如同一部厚重的史书，记录着所在地域乃至中华文明的发展变迁和兴衰荣辱。在南京这座城市里，每一块砖石都镌刻着历史的沧桑，每一座建筑都诉说着过往的故事，每一条道路、街巷都承载着文化的记忆。正如朱自清先生所说："逛南京像逛古董铺子，到处都有些时代侵蚀的遗痕。"乌衣巷里的王谢两大家族，对中国的书画艺术产生过深远影响；龙蟠里内氤氲的浓浓书香，折射出明清时期南京文人墨客的无尽风流；成贤街上林立的文教机构，奏响了一曲曲不辍弦歌，培育出一代代国之栋梁；下关大马路边热闹繁忙的口岸码头和中西交融的各类建筑，催生了近代南京城市转型期的文化意象。斜阳草树，寻常巷陌。千百年来，一条条道路、街巷在构成南京城市空间和肌理的同时，也总是在不经意间见证着城市文脉的发展演变，犹如一座座舞台，共同奉献出让人们眼花缭乱、叹为观止的大戏。

在现代化快速发展的今天，如何在城市更新过程中保护好城市文脉，让道路、街巷沿线的文化遗产焕发新的生机，成为当前的热点和现实问题。为了深入挖掘南京城市文脉的表现形式和丰富内涵，探索传统文化与现代文明融合发展的新路径，让南京在新时代焕发出更加绚丽的光彩，我们推出了这套"南京城市文脉"丛书。丛书每册聚焦一条道路或街巷，以大众普及的方式，图文并茂地讲述其沿革过程、掌故传说、名人轶事、机构建筑等，从历史、文化、艺术、社会价值等方面，充分展现多样的城市文脉，推动城市文化遗产的保护利用。同时，期望这套体量不大的"口袋书"，能够为广大读者寻访街巷、发现南京提供便利，探索更多有趣的文脉话题。

目 录

下篇　今日成贤街的百年变迁

前　言

南京成贤街，位于老城的中部，南北向，在北京东路和珠江路之间。

在诸多街巷中，论长度，接近1000米，不短，也不算长；论得名年代，自1382年至今，已有640多年，相比南京的城市史，不长，也不算短。

但是论历史地位，论文化积淀，恐怕放眼全中国，它都是独一无二的传奇街巷。

六朝，这里是建康都城的北郭，从都门到篱门的早期道路已经开辟。

五代十国，这里是南唐都城的北郊，很可能也是皇家北苑的所在。

1382年，明太祖朱元璋建成最高学府和教育管理机构——国子监。成贤街是出入国子监的南北轴线主干道，并由此得名。成贤，成为贤人志士、国家栋梁，这是对历经层层选拔的各地学子们最美好的祝福、期许和褒赞。

　　1902年，按照现代高校模式设立的清末最大规模师范学校——三江师范学堂在成贤街北段西侧诞生，很快改称名气更响亮的两江师范学堂，成贤街因此而成为中国高等师范教育的发祥地之一。民国初年，此处为号称"南雍"的南京高等师范学校（东南大学）的校址。南京政府时期，又成为当时第一学府——中央大学校址。现在仍然是中央直管、教育部直属的全国重点大学——东南大学的四牌楼校区驻地。

　　1920年，中国第一个综合性科学社团——中国科学社将其董事会执行部及所属《科学》编辑部迁入成贤街文德里。

　　1927年，南京国民政府参考法国模式成立中华民国大学院，后改教育部，部址就在成贤街南段。

　　1928年，中国最高学术研究机关——中央研究院成立，总办事处设在成贤街的旧法制局内。

　　1929年，国民政府考试院选址成贤街北口的关岳庙，也是因院长戴季陶认为"成贤街原为明代国子监所在，稽之史乘，庙址即旧日辟雍，考教事本相连，成贤义亦双关"，是非常契合的院址。

　　1933年，国立中央图书馆在国民政府教育部斜对面的成贤街东侧筹建。

一言以蔽之，明代以来这里两次成为中国的文教中心，民国时期又成为引领中国现代科技发展的中心。

五四运动以来，南京的红色历史也在知识分子云集的成贤街一带拉开帷幕。成贤街，既是中国马克思主义的传播地、研究地，也是早期中共党团组织的建立地、活动地，还是中共党团组织领导下的学生运动策源地、爆发地，为新中国的成立书写了血染的南京诗篇。

历史上的成贤街，是南京也是中国最有内涵的文化地标之一，传统圣贤文化、现代科学文化、红色革命文化在这里次第争芳、交融共生，是从辉煌一时的古代文明到劫后涅槃，重塑现代文明，充分展现中华民族不屈奋斗精神的标志性象征。

如今的成贤街，小店饭馆林立，好像无从感受曾经厚重的历史和浓郁的人文，但弥漫的烟火气只是表象。它如同深藏阁楼里的一册老书，上面有些蒙尘，随便翻开一页，便是精彩篇章，华光四射。

上篇

成贤街前身

街

明初建成的国子监主干道

元末，朱元璋克据金陵，1368年开创大明王朝。南京城全面扩建，今成贤街一带正式纳入都城之内。

从未上过学的朱元璋非常重视兴办学校，认为"治国之要，教化为先，教化之道，学校为本"。1365年，他在称吴王的第二年九月，即下令设置国子学。校址就在今夫子庙的元朝集庆路学旧址。随着统治版图的迅速扩大和新王朝的建立，官多缺员成为政权瓶颈，为培养从政人才仅洪武四年就一次招收了国子学生2728人，但局促于闹市的国子学经过三次扩建仍然不敷使用，周边环境也缺乏读书氛围。

"高爽平远"的鸡鸣山（即六朝鸡笼山）东南麓遂进入朱元璋视野，他亲自前往相度基址，并全面规划校园，用《续南雍志》的表述就是"太祖高皇帝酌古准今，自先师孔子庙庭，以至正属官舍、生徒讲学、习射燕息之所，菜圃医药诸地，靡不上厪宸虑，详为条布"。此地远离尘嚣，空旷怡人，且依山傍水，曾为六朝苑囿，动迁成本也不高。据《南雍志》载，其唯一缺憾是有号称"万人坑"的南宋阵亡将士义冢，墟墓莽苍，天阴雨湿之时"行人多为鬼眩，有至死者"。但朱元璋认为"此非孔子大圣，无以镇之"，遂于洪武十四年（1381）下诏改建国子学于鸡鸣山之阳，命工部尚书陈恭选材鸠工，金吾前卫指挥谭格负责督建。建设期间，放心不下的朱元璋多次亲临视察。次年，即洪武十五年三月，参照隋唐宋元体制，改国子学为国子监。五月，国子监落成。

不过，万人坑的问题对一般人的心理还是有很大冲击的。《金陵梵刹志》记录了旧时著名的鸡鸣寺施食台就是为国子监而设。由于"余魂滞魄尚未泯没，往往结为黑气，人有触之者，则昏迷僵仆，甚至殒命亡躯"，朱元璋先是在鸡鸣山上建鸡鸣寺和帝王庙、功臣庙等十庙，甚至亲自坐镇国子监广业堂，仍效果不佳，最后迎请七名番僧至鸡鸣寺东南，面对国子监六堂登坛施食，超度幽魂，"妖气始灭，自是不复作矣"。妖鬼作祟当然是迷信说辞，起因是对坟地办学的不满，但经此一番大手笔的动作，安抚了人心，最终建成以"规模宏壮，前代所未有"之国子监为首的文教祭祀区，彻底改变了鸡鸣山以南的城市格局。

成贤街，自此正式成街。它位于国子监南，即《洪武京城图志》所言"国学前"。朱元璋在国子监建成当月，亲往临视，驾还时，学官率诸生序立成贤街恭送。但此时的成贤街尚未定型。国子监新址启用后，根据《明实录》《南雍志》的记载，建设仍未停

《金陵古今图考》"国朝都城图"中的国子监与成贤街号房位置图

止。如开始学生都在监内号房居住，有妻子者则居外。洪武十七年，因"天下府州县岁贡生员及四夷酋长遣子入学者凡数千人，学舍不能容"，故命增筑国子生房舍五百间于集贤门外，谓之外号房。二十一年，命于监前建养病房百余间。二十二年，命工部增建国子生房舍于监前，以居有家室者。二十五年，辟

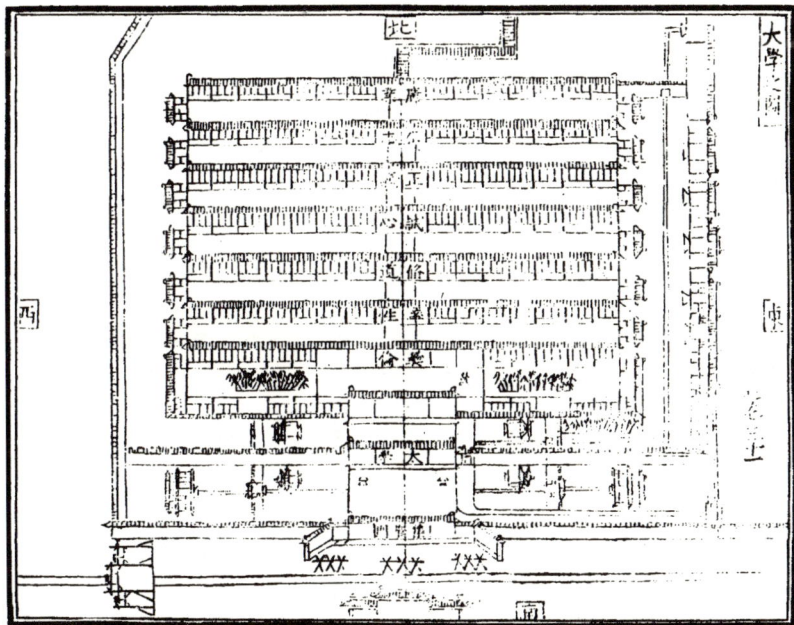

《南雍志》中的南京国子监太学图，监前横街、横街牌坊及成贤街正路的国子监牌坊一目了然

射圃。这些新建筑都在成贤街侧，于是成贤街作为师生出入的正道变得"狭隘污秽"，洪武三十年正月詹事府右春坊司谏袁实建议"工部相度开道，便其往来"，次年七月国子祭酒张显宗奏请"开通成贤街正路，分布号房"，皆被采纳。这时，成贤街区域始基本成型，形成国子监"前为横街，直南曰'成

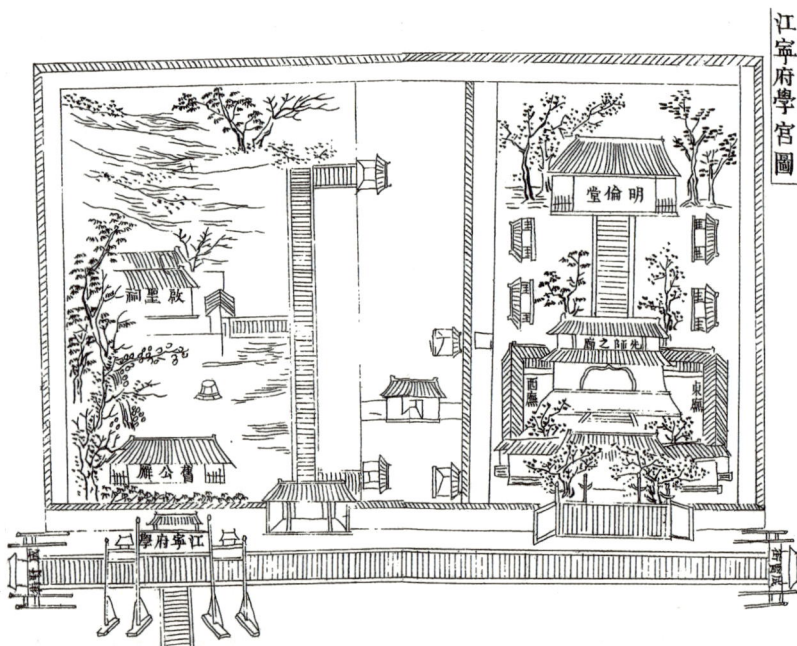

陈开虞本《康熙江宁府志》中的《江宁府学宫图》，监前横街牌坊仍然安在

贤街'，号房、射圃傍列，余为菜园"（明朱国祯辑
《皇明大事记》）的格局。横街应当就是最初的成贤
街，它向西与十庙区域连接，是当时鸡鸣山南的主要
通道。而成贤街正路作为出入国子监的南北中轴线，
建成略晚，但却是构建成贤街片区空间格局最重要的
核心元素，被称为"东方古大学街"（卢前《冶城

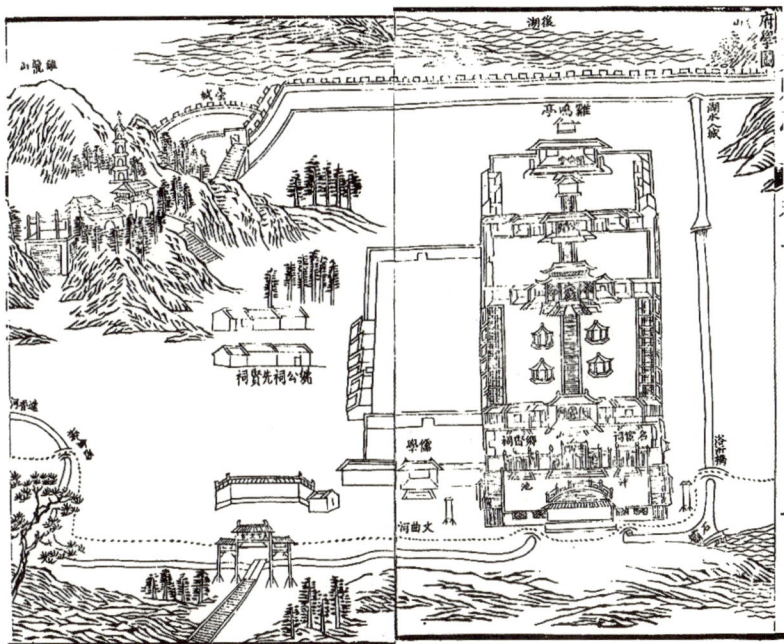

《道光上元县志》中的《府学图》，国子监牌坊题额已
改"天下文枢"

话旧》）。

成贤街南口设有南成贤街牌坊，与珍珠桥相连，为大国子监区域的南界，其南跨杨吴城濠有通贤桥（清代以来称浮桥）。北段直达今南京市政府大院前的马路，北口有国子监牌坊（据清代《康熙府志》《道光县志》，题额先后改为"江宁府学""天下文枢"），过监前横街就是教学区。监前横街有东西成贤街牌坊。这四个石牌坊中，国子监牌坊和南成贤街牌坊是主牌坊，三开间，中高三丈三尺，东西成贤街牌坊为次，也是三开间，中高二丈四尺六寸。因此，明清时的成贤街并不是仅指南北向的主街，即上文的"成贤街正路"（《南雍志》中的"旧典簿廨图""成贤街号房图""旧酱醋房地图"也皆有对成贤街正路位置的文字标明），还包括又称横街的东西成贤街，如《南雍志》称"修东西成贤街牌坊"，《道光上元县志》称"成贤街在府学前，东西街方是，皆有石坊"。明《金陵梵刹志》"鸡鸣寺图"画有西成贤街牌坊，清陈开虞本《康熙江宁府志》"江宁府学宫图"更是明确标有横街东西两端牌坊，上书"成贤街"，这实际就是与"正路"相对的"支路""旁街"。参考北京国子监的道路格局，其成贤街就是东西向的横街，没有南北向的主街。故南京成贤街实为T字形街道，街口各设牌坊一座，以示标志，并标定了作为国子监外南部生活区（也包括了生产等辅助功能）的主体范围，后世遂以四牌楼称之。

成贤街的布局变迁

自国子监牌坊北上过街，经集贤门、太学门，至设有皇帝讲经御座和国子祭酒、司业公署的正堂——

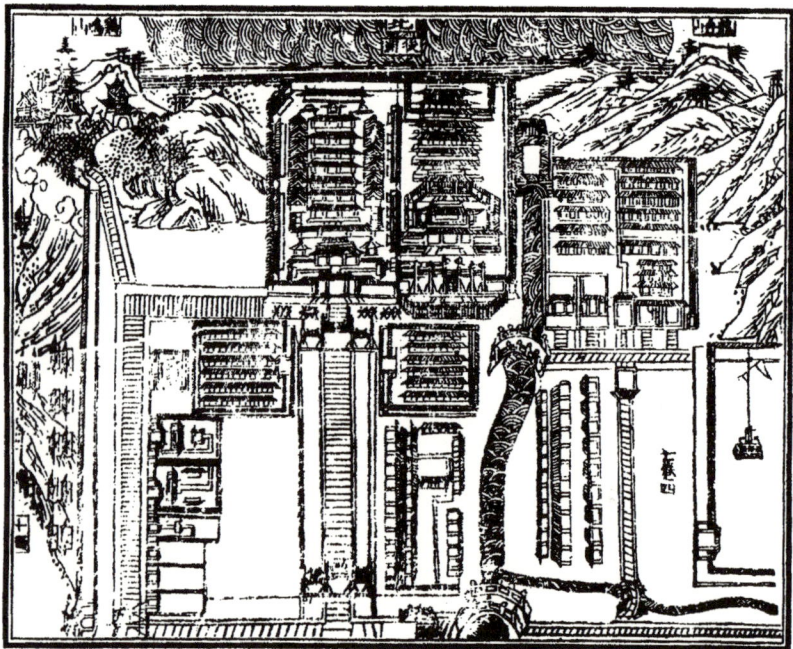

南京国子监平面图（《南雍志》）

彝伦堂，为教学区（太学区）的最高等级建筑，其后依次为率性、修道、诚心、正义、崇志、广业太学六堂，新生先入北三堂，以后逐次升级，从率性堂读出来就可以毕业了，最后面是光哲堂（琉球学生宿舍），嘉靖七年（1528）广业堂后又建了敬一亭。教学区东侧是孔庙区，经棂星门、大成门，至祭祀孔子

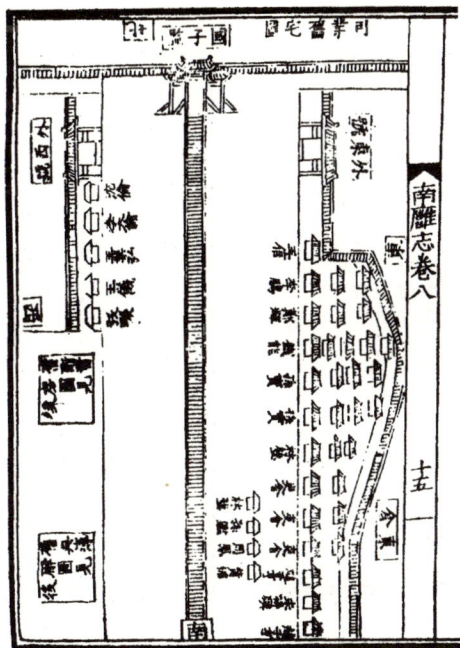

成贤街正街北段图（《南雍志》）

的大成殿，高四丈三尺，台基高一丈二尺九寸，是整
个国子监的最高建筑。大成殿后是学生住宿的监内号
房，嘉靖十年（1531）最里面两排号房改建为启圣祠
（主祭孔子之父叔梁纥）。教学区内还有国子监各级
官员办公的厢房，绳愆、博士、典簿等厅，馔堂，鼓
架、钟楼、东西书库（著名的南监本刻板庋藏与印造
之所）、土地祠、碑亭、马房等，主要分布于门内和

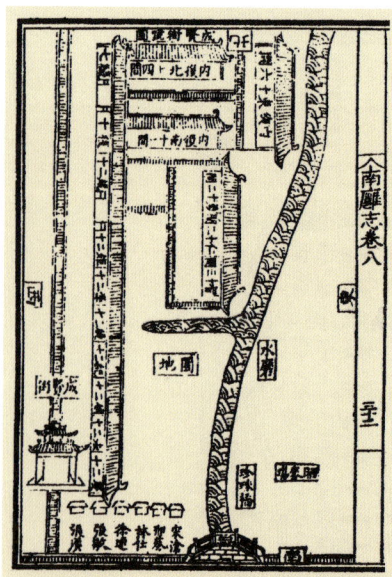

成贤街正街南段和珍珠河之间
的成贤街号房图（《南雍志》）

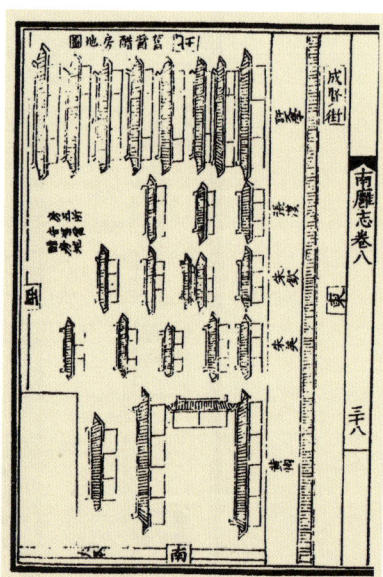

成贤街正街西侧的旧酱醋房
图（《南雍志》）

各堂两侧。

成贤街两侧分布有号房、射圃、菜园等区域。成贤街东侧自北往南为外东号房、官房、左司业宅、吏舍、东仓等，外东号房之东、东仓墙之北是菜园，其南为成贤号房；成贤街西侧为外西号房、射圃、酱醋房、典簿廨与官房、官街房等，射圃向西至英灵坊直街，还有包括祭酒宅、右司业宅、学正廨等在内的大片官房，再西大概为英灵坊东的北字号官房。此外，与孔庙区相对的珍珠河东侧，还有平北官房、平南官房、平北号房、平南号房，以及浴沂桥东官房。浴沂桥，旧称土桥，桥西为成贤街东侧的外东号房。据《南雍志》统计，明朝前期国子监内外仅学生号房总计1114间，其中监内号房435间，周边的平南号房170间、平北号房56间，成贤街一路的号房最多，达453间，占号房总数40.66%。

明成祖朱棣迁都北京后，南京国子监规模大大缩减，许多官房、号房废圮，成为蔬圃或为民居所侵。经嘉靖三十三年（1555）的清复，一大批被居民侵占的土地明晰了产权，并签约收租。各区域布局也历经调整，作了缩减规模以符合实际的重建，而英灵坊东侧的横街以南，自东向西分布了射圃、英字号房、旧学正廨、祭酒宅（原为观讲堂）、讲院、号房及司业宅等。此外，还有成贤街浴贤庵、成贤街西成贤庵，为国子监学生会文之所。

成贤街本身也多次维修并补种行道树。如景泰二年（1451）、嘉靖二年（1523）和嘉靖二十三年（1544），三次重建、重修国子监牌坊和南成贤街牌坊。景泰四年（1453），重建东西成贤街牌坊，修葺成贤南大街。嘉靖十九年（1540），又重修东西成贤街牌坊。嘉靖三十一年（1553），自庙学东、西、南至成贤街补种槐、榆、冬青、椿、杨等300余株。隆庆元年（1567），修监前成贤街及左右牌坊。隆庆三年（1569），重修成贤街左右牌坊及正街二座牌坊。万历九年（1581），修成贤街牌坊及射圃厅墙垣。

国家人才培养高地——"秀才窝"

国子监学生主要有四大类：举监，占比较少，一般为会试落第的举人，因名额有限，还要考选，故在监生中最为优质；贡监，早期占大多数，各地生员通过岁贡、选贡、恩贡、纳贡四种途径入学，岁贡主要是论资排辈，选贡需要考选，恩贡是"国家有庆典或登极"则让岁贡生提前入学，纳贡是生员通过捐财物入学；荫监，数量极少，主要是安排品官子弟，包括官生、恩生；例监，后期占大多数，通过捐赀入学，土木之变后国家常因财政紧张向社会援例开捐。此外，日本、高丽、暹罗、琉球等周边国家和西南土官选派的属官生。土官生较多，为此明廷在监前另外造房百间居之（《皇明太学志》）。外国中只有琉球生是常态化例行留学南京国子监，从洪武至万历年间先后派遣了17批54人，前期为王室、寨官子弟，后期为出自闽地三十六姓的久米村士族子弟。琉球生享有位于教学区六堂之后单独配建的宿舍，历朝不变。永乐二年（1404），琉球王子三五良亹率九人至南京，奏请入监读书，明成祖朱棣特令工部在监前建王子书房以居之，具体位置失考，应该在成贤街一带。

明初优恤国子生，《明史选举志》称："岁时赐布帛文绮、袭衣巾靴。正旦元宵诸令节，俱赏节钱。孝慈皇后积粮监中，置红仓二十余舍，养诸生之妻子。历事生未娶者，赐钱婚聘，及女衣二袭，月米二石。诸生在京师岁久，父母存，或父母亡而大父母、伯叔父母存，皆遣归省，人赐衣一袭，钞五锭，为道里费。"除了管吃穿和探亲，有妻子的国家供养，未娶的婚聘费用也由国家负责。

但在国子监的学习也非易事，必须按严格的"六堂积分法"，凭积分逐次升级。即先在正义、崇志、广业三堂学习一年半的儒经，考试合格后，才能升入修道、诚心二堂学习一年半的历史，再经考试，升入率性堂，每次月考优秀得一分，良好半分，修完八分，才能完成书本学习获得历事资格，这一过程最快要四年，多者要七八年，通常要十年。此后，拨送各衙门历事，即见习一定期限，送吏部铨选，这个过程短则只要几个月至一年，但实际往往要两三年。监生想通过科考取得更好的任官资格，也要有历事经历。历事制度始于南京国子监，体现了以实干为导向的教育原则，是对只重书本的纠弊。制度的具体细节后来多有变化，但到明后期历事见习政务变成为官府杂役，制度异化，纳银或雇人代役就时有发生了。

整个明代，南京国子监在读监生数量变化很大，各时期质量也不一。国子监落成后一段时间，监生往往不超过千人，大概是来源渠道有限，以至洪武二十五年（1392）诏令各府由一年一贡改一年两贡，州学由三年二贡改二年三贡，县学由二年一贡改一年一贡，次年再恢复常态。洪武二十六年国子监学生迅速暴增至8124人。洪武朝监规严格，又有宋讷、张显宗等名师担任祭酒，监生质量总体很高，参加科举考试，"自余中试者十之六七"，而且不少夺得文魁。如辛未科（1371）会元、状元皆为黄观（原名许观），他还是历史上唯一连续六元及第之人；乙丑科（1385）会元、探花为黄子澄（本名黄湜），状元丁显，榜眼练子宁；戊辰科（1388）会元为施显、状元任亨泰，在朱棣夺位的靖难之役中，黄子澄、练子宁均不屈殉难，黄观则自沉尽忠。

除了科考，当时大批监生直接授官，即为举贡。洪武二十六年，擢监生刘政、龙镡等64人为行省布政、按察两使，及参政、参议、副使、佥事等官。不仅四方大吏，台谏之臣、各地教官也出自太学，而最常见的是府、州、县六品以下官，如洪武十九年（1386）一次就择监生千余人送吏部除授知州、知县等职。与科举和荐举相比，"其时布列中外者，太学生最盛"（《明史》），成贤街周边可以说是洪武朝大部分官员的储备地、来源地。

为明初国子监严订学规的国子祭酒宋讷

永乐年间执掌南京国子监17年的国子祭酒胡俨

永乐二年（1404），朱棣以"朝夕相与共事"的内阁辅臣胡俨执掌南京国子监，立即废除过于严苛的校规条款。胡俨在位长达17年，迁都后又改掌北京国子监，《明史》称其"居国学二十余年，以身率教，动有师法"。永乐年间，会试下第举人例行送监，虽然增设了北京国子监，南京国子监学生仍不断扩充，并稳定在八九千人，是空前绝后的全盛期。哪怕永乐十九年迁都后，直到宣德年间，南京的监生仍然远多于北京，甚至在永乐二十年达到历史最高峰的9972名，而同年北京国子监才5235名。遥想极盛时期的世界第一大高等学府，从成贤街北望，延袤数里，当时国子生晚上也要学习，入夜了也依然灯火辉煌，书声琅琅，诚为壮观。这一时期，甲申科（1404）会元杨相、丙戌科（1406）会元朱缙，壬辰科（1412）状元马铎、探花王钰等，都是出自南监的学生。

宣德后期，南监学生降至两三千人，遂为常态。期间景泰、天顺恢复至四五千人，成化初年更达到六千多人，这与景泰元年（1450）创设了纳粟的例监生有很大关系。后来即便监生数量减少，例监生比例也仍占多数，如正德三年（1508）一共1326名监生，其中岁贡生仅241名，遇例纳银民生达936名，占比竟有70.1%。当然例监生不用坐班读书，都依亲在家，不太会直接影响教学。由于科举日益成为出仕正途，举贡弱化，入监的岁贡生数量变少质量变差，弘治年间南京国子祭酒章懋鉴于当时"今在监科贡共止六百余人，岁贡挨次而升，衰迟不振者十常八九"，于是提出增加选贡生，使监生数量和质量有了提升，此政策一直实行至万历始废。总体上，宣德以后至正德年间，国子生质量分化严重，优秀的非常优秀，每科进士出身国子监的经常过半，其中高中文魁的很多，出自南监的就有正统己未科（1439）会元、榜眼杨鼎，成化壬辰科（1472）会元、状元吴宽，正德丁丑科（1517）探花崔桐等。还有胡琏，以举监生读书南监时，课余教授生徒补贴家小，其学生中最有名的是邹守益（探花）、程文德（榜眼），后均成为理学名臣。胡琏自己也考中进士，嘉靖初年任闽广兵备道时，剿灭入侵的葡萄牙殖民者，将缴获的先进火炮命名为佛郎机，交神机营改进为神机炮。这一时期的名师则有国子司业罗钦顺，为著名理学家，曾于弘治十六年（1503）重建司业宅。

　　嘉靖朝，"南北国学皆空虚"，南监学生长期保持千余名的水平。嘉靖十一年（1532）甚至只有870名，万历年间始恢复至3000余人的常态。对比北监，嘉靖二十二年至万历九年（1581），在监学生基本不超过千名。国子监的影响力已不如前，对国子监的厉行整顿也由此开始，"严肄学之期，防改监之弊，申回籍之禁，坐班则有限，历事则有方，至其课效、修业，则自经义、诏诰、史策、判语，细及仿书，咸树之矩"，所用"祭酒、司业极儒臣之选"（《续南雍志》）。如掌管南监的湛若水、邹守益、黄佐、程文德、欧阳德等都是著名学者、教育家。湛若水也出身南监举监生，弘治乙丑科（1505）会试第二名，创甘泉学派，弟子数千，时与王阳明心学分执理学牛耳，他任祭酒后于宅旁辟建了讲院，用于讲学。此次改革成果在嘉靖二十六年丁未科得到充分显示，这次登科的300名进士中国子生180名，状元是隆庆朝任至内阁首辅、号称太平宰相的南监学生李春芳，和他同榜的名人还有张居正、杨继盛（北监）、王世贞等。这一时期南监学生中最著名的莫过于《西游记》作者吴承恩，嘉靖二十三年录为南监岁贡生，6年后才正式坐监读书，但因无意仕宦，遂醉心山水，与诗坛前七子之首的何良俊等文士终日唱酬，其中成贤街附近一次有记载的宴集就在国子司业朱大韶馆舍。其次，算是明清篆刻流派开山人物文彭，画坛四大家文徵明长子，南监岁贡生，嘉靖三十五年以恩科次贡入仕，后官至南京国子监博士。

嘉靖以后的南京国子监教官也是星光闪耀：李贽，学者、思想家，嘉靖三十九年任南京国子监学正。余孟麟，书法家，南京籍的万历甲戌科（1574）会元、榜眼，南京国子监司业、祭酒。焦竑，学者、藏书家，南京籍的万历己丑科（1589）状元，南京国子监司业。顾起元，学者、金石家、书法家，南京籍的万历戊戌科（1598）探花，南京国子监祭酒。臧懋循，戏曲家、文学家，编有《元曲选》，万历时南京国子监博士。黄居中，藏书家，南京著名藏书楼"千顷斋"的主人，藏书6万余卷，万历时南京国子监丞。杨嗣昌，晚明阁部重臣，万历时南京国子监博士。吴伟业，诗人、戏曲家，明末清初江左三大家之一，崇祯时任南京国子监司业。南监学生中也藏龙卧虎：汤显祖，戏曲大家，著有《还魂记》（即《牡丹亭》），万历时曾三至南京国子监游学。文震亨，画家，状元、东阁大学士文震孟之弟，著有园林设计名著《长物志》，天启时南监贡生。侯方域，文学家，复社名士，《桃花扇》男主角，崇祯时入南监。郑成功，明清之际收复台湾的名将，南明弘光时曾在南京国子监求学，师从钱谦益。

据《道光上元县志》，南京国子监在当时俗称"秀才窝"，士子云集，读书氛围浓厚。万历四十三年（1615），南监助教许令典在成贤街文昌阁（三层高，乾隆时大殿中尚有铁佛罗汉，传为南朝钟山草堂寺刘宋之物）内创建书院，利用充沛的师资和良好的学习环境，满足希望走通科举之路的士子学习需求。清顺治十七年（1660），江宁府儒学教授朱谟率学生郑之璘、白梦鼎、董钦等重修书院，匾额书"文昌书院"，"以为读书讲学之所"。迨至今日，可追忆国子监文昌阁和文昌书院的历史遗痕也仅剩文昌桥了。

成贤街两侧民宅中也出有历史名人，如著有中国首部介绍回历和阿拉伯天文学专著《七政推步》的贝琳，成化八年（1472）起在鸡鸣山（又称钦天山）任南京钦天监监副达19年。《拍案惊奇》作者凌濛初长期寓居珍珠桥畔，经营书坊。

明清鼎革之后，南京国子监被改为江宁府学，规模大为缩小。成贤街依然是通往府学的主要道路，北首的牌坊还题书着"天下文枢"的匾额，但当年的崇高地位已经不复，空余曾经令人心潮澎湃的地名。

作为区域教育中心，府学甚至不如隔街的鸡鸣寺更有吸引力，曾经渴求知识、成为圣贤之理想圣地，似已被虔心膜拜神像，希冀脱离人生困厄的信众遗忘。清嘉庆二十三年（1818）捧花生著《画舫余谭》有记，南京的观音香火原以城东蟒蛇仓侧石观音庵最为繁盛，每年农历六月十九为观音诞辰，十八日夜起瞻礼人士就已络绎不绝，"竟夜喧阗"。但在"三年前，忽迁于鸡鸣埭之白衣楼，城东遂寥落殆尽"，白衣即白衣大士（观音），也就是说鸡鸣寺从嘉庆年间开始成为南京市民向观音进香的主要寺庙了。但见观音诞辰日，"过浮桥纱帽巷口，径到成贤街府学前，沿途搭盖灯篷，结彩讽经，以待远近进香之人盥手憩息，又特设厂煎茶，任人就饮，谓之结缘。"密密匝匝的人群中，尤多斋戒素服的妇女，时人有诗称："观音无别乐，受尽美人头。"其盛况与特色可见一斑。

成贤街往事

珍珠河与玄武湖大道

在明初得名之前，成贤街是否已成道路，史无记载。附近最早的古聚落遗址在鼓楼冈西北的北阴阳营，距今有6000年历史。大约2公里外的成贤街理应属于该聚落人群的活动空间。

3100多年前，南京主城区出现最早的城池——商周长干古城，春秋晚期为越城，离成贤街则有相当距离，中间还隔着秦淮河宽阔的入江河口。

漫长的两汉，这一带除了今鼓楼医院发现过一座汉墓，也基本没有留下历史文化遗迹。

六朝时期，随着都城的营建扩张，今成贤街一带逐渐得到开发。其区位在建康宫城（即台城）的北面，北通古鸡笼山（今北极阁）与覆舟山（今小九华山）之间的低谷，南达孙吴始开的潮沟（后改为杨吴城濠，今珠江路南侧河道）与城北渠（今珍珠河）汇流之处。城北渠，孙吴末帝孙皓所开，"引后湖水激流入宫内，巡绕堂殿，穷极技巧，功费万倍"（《建康实录》），是与新建的昭明宫配套的水道。南朝末年，则是陈后主陈叔宝游乐之河，后主曾与后宫佳丽在河中泛舟，忽遇大雨，眼看要扫兴而归，有聪慧的宫人指着河面被雨点打起的水泡，大呼："满河珍珠！"自是工程土味的城北渠有了新名——珍珠河。其实珍珠河得名是一场移花接木的误会：在宋元方志中，陈后主泛舟的珍珠河本指南宋行宫（在今内桥之北）后的一段水道，通行宫护城河——护龙河，至太平桥（即以秦淮灯市著名的笪桥）西，分两派，一派出栅寨门，一派出秦淮。当时，珍珠河已埋塞殆尽，残留水道可阔达五丈，由于不见"前志与史传"，元代《集庆续志》作者戚光疑其本为古运渎水系的孑遗。而明代文献始将成贤街东侧之城北渠称为珍珠河，大概因为南宋行宫之后恰为孙皓昭明宫的遗址所在，此处的珍珠河与流入昭明宫的城北渠，或有极大关联，遂将成贤街东与玄武湖相通的河道也以珍珠河冠名，城北渠之名益加不彰。

城北渠及后世所指的珍珠河，其诞生和出名，关联着两位末代皇帝的喜乐私欲，是被载入史册的警世之河。但它沟通了玄武湖和秦淮河水系，且流淌千

《释氏源流》中的吴
末帝孙皓

《历代帝王图》中的陈后
主陈叔宝

年而不绝，显然对于完善城市水网，促进区域发展，发挥排涝、运输、用水、景观等价值，有不可替代的作用。

城北渠北端，地处鸡笼山东、覆舟山西，是六朝北郊坛所在，覆舟山以南是大片的皇家园林——乐游苑。鸡笼山下还有齐司徒、竟陵王萧子良的西邸，内设士林馆，邀集了包括萧衍、沈约、谢朓、王融、萧琛、范云、任昉、陆倕等竟陵八友在内的一大批文学之士，形成六朝最著名的西邸文学集团。萧子良好佛，鸡笼山至城北渠之间，是刘宋建平王舍宅所建的栖玄寺（又称栖元寺），寺门径对着城北渠，舟船出都后可以直达。王融的《栖玄寺听讲毕游邸园七韵应司徒教》，就是在栖玄寺听完讲座，游玩西邸之园，应萧子良之命所作诗。陈帝也曾邀请名僧慧思住在栖玄寺，并听其讲经。寺东旧有孙吴任子馆，专处各地将领之子，相当于质子。

城北渠的南端连着潮沟，潮沟之南为建康都城北墙，墙内就是俗称台城的宫城。梁《京都记》说："京师鼎族在潮沟北。"也就是说，城北渠流经的区域属建康都城的北郊，依山傍水，景致宜人，六朝达官贵族宅邸集中于此，非寻常百姓可以置业僦居。此处还有服务于士族子弟的教育机构，如刘宋四学馆之一的儒学馆设在鸡笼山，萧梁礼学大师严植之的学馆则在潮沟，萧梁学者伏挺也曾在潮沟之宅讲《论语》，听者倾朝。

城北渠南段之西还有一寺，即东晋始建的归善寺。出了寺门，跨过潮沟，就是都城北门之一的大夏门。建康都城为东晋咸和五年（330）所修，初与宫城共用北墙，除了台城北墙之门并无别门。刘宋元嘉二十五年（448），新作都城阊阖、广莫等门，一般推测此时都城北墙始稍稍北移，至潮沟附近。据《宫苑记》称，"宋武帝永初中立北市，在大夏门外归善寺前"。宋永初年间（420—422），都城北墙仍是台城北墙，北市选址于此，自然是需要依赖毗邻台城和寺庙的人气。都城北扩后，在北市对面开辟大夏门，更加方便城内之人出入市场和寺庙。另外市场需要集散大宗货物，故建康之市往往"连淮列肆"，即依水而建，方便运输，如《吴都赋》所言"楼船举帆而过肆"，这是北市必然毗连潮沟的原因。刘宋山谦之《丹阳记》称，建康北市为京师四市之一，可见其地位之高，当属大市。《丹阳记》又称北市始建于孙吴永安年间，比赤乌年间潮沟开凿仅晚一二十年，故所谓宋武帝立北市，也许是恢复或重建之举。今学者王志高推测，建康都城西北角大体在北门桥附近（《南京城墙志》），则北市应在进香河路与珠江路交口一带。归善寺和北市之间当有东西向的大路，大体可能与今珠江路相近，向东可直通城北渠。

在"鸡笼山东，归善寺后"为古上林苑，刘宋孝武帝所立，时名西苑，梁时改名上林苑（《宫苑记》）。但《建康实录》也记有"宋大明三年，初筑上林苑于玄武湖北"。大明三年（459）正为宋孝武帝刘骏年号，《宫苑记》所载"鸡笼山东，归善寺后"的位置正好在时称北苑的乐游苑之西南，也在宫城之西北，故西苑之名恰得其实，《建康实录》所记玄武湖北之上林苑或许是后来迁徙改名的结果。

西苑再向北，推测有篱墙相隔，篱墙之外即为鸡笼山、栖玄寺范围。建康篱墙有56个篱门，相当于都城外郭，今成贤街大体就在北篱墙之内，北都墙城壕——潮沟之外，即建康城的北郭区域。值得一提的是，成贤街附近原老虎桥监狱工地东北部曾经发现一段南朝中晚期篱墙基槽遗迹（长24.9米，与进香河基本平行）以及包括30多件莲花纹瓦当在内的一批建筑配件，推测基槽可能属于皇家园苑围墙或郭城篱墙。

建康都城北墙共辟四门，大夏门在西，其东依次为为玄武门（南齐时改名宣平门）、广莫门、延熹门。据《宫苑记》的记载，大夏门和延熹门实为侧门，分别对应都城南墙的广阳门、清明门，而玄武门、广莫门为"门三道"（即三个门道）的双主门。其中，东侧主门广莫门南对宫城北墙主门承明门，北

《南都建康图》中可见都城北四门、归善寺、北市与鸡笼山、覆舟山、玄武湖关系（《金陵古今图考》）

出直对乐游苑南门，当在城北渠（珍珠河）东侧。大明五年（461）又建从承明门过广莫门北上的北驰道，绕经乐游苑，至玄武湖。而西侧主门玄武门北出，则"直趋玄武湖大道"。玄武门之名，除了象征北方，也与宋文帝元嘉二十三年（446）史称"立玄武湖"（《宋书》）的建设工程有关。东晋太兴三年（320）

晋元帝为训练水师，筑堤壅水始创北湖，这是玄武湖历史上的第一次大规模整治。宋文帝这次改造影响更大，是南京城建史上的重大事件，玄武湖正式得名，并纳入皇家苑囿，设官管理。元嘉二十五年（448）扩都城北墙，玄武门、玄武湖大道应当就是这时辟建，用于通达玄武湖。从城市规划上来看，玄武门只有设于城北渠西侧，才能连接城北另一名山——鸡笼山，经其山麓抵达玄武湖，以与连接覆舟山乐游苑的广莫门进行合理的功能区分。玄武门和玄武湖大道的辟建，其实也相当于是玄武湖改造的配套工程，大大促进了城北渠西岸，尤其是鸡笼山的繁荣。除了原有的都城北郭归善寺、北市和鸡笼山下的儒学馆、北郊坛、归善寺后的西苑及北郭篱门外的建平王刘宏宅邸（后舍为栖玄寺）、九州庙、齐竟陵王萧子良西邸（士林馆）等鸡笼山周边地标建筑及名胜，在此后集中出现。刘宋后期在广莫门外另辟通达玄武湖的北驰道，应该是玄武湖大道已经车马云集，往来熙攘，不利快速通行，故要绕过这个人烟稠密的区域。

今成贤街与珍珠河紧邻并行，北端尽头通鸡鸣寺路，出解放门即达玄武湖侧，可以合理推测，六朝建康都城玄武门外高等级的玄武湖大道就是成贤街可以溯源的前身。

21世纪初，考古部门借老城改造之机，自北至南，在北京东路南侧东南大学校园北部科技楼工地、成贤街东侧东南大学成园工地、星汉大厦工地、成贤街43号院工地、成贤街南口及珍珠河浮桥工地进行了不同程度的考古发掘，发现了包括人面纹、兽面纹、莲花纹瓦当在内的一批体现六朝建筑遗迹的文物，令人对成贤街一带的六朝景象充满了遐想。

隋灭陈，建康城邑、宫室惨遭"平荡耕垦"。都城、篱城拆除废弃，潮沟外的北郭鼎族也被迫迁离。没有了漕运、护城等功能，长期缺乏维护，人工开凿的城北水系随之衰败，有的开始湮塞，有的名称已经混淆难辨，作为唐代文献的《建康实录》都很难清晰表述这些水道的源流，留下不少矛盾的记载。

唐时，今珍珠河又俗称运渎，除了张冠李戴的误名，一方面说明其水道还算畅通，可资航运，另一方面也可能当时南京地区（即江宁县）的漕运利用了原建康都城水系，由潮沟、珍珠河，入玄武湖，出幕府山下的蟹浦，再入长江，避免从秦淮河口至幕府山一段江险水路。

五代时期，南京先后成为区域政权杨吴、南唐的统治中心，再度崛起。但城市格局已经大变。原"筑城以卫君，造郭以守民"的古典理念，被城郭合一的新模式替代，取消外郭城，成倍扩大都城范围。潮沟改造为史称"杨吴城濠"的都城北壕。六朝建康的北郭成为南唐都城的北郊，人烟稀少，不复六朝繁华。偌大的都城只有一个遥对幕府山的北门（明洪武初尚存，当时的《应天府城图》称之为幕府门），今珠江路北门桥正是因其遗址所在而得名。城门的设置体现了北郊格局的变迁。南唐都城北门，直对鼓楼冈和北极阁之间的山谷缺口，沿玄武湖西侧，北通幕府山、卢龙山，可渡江，可东行。六朝的玄武湖大道、北驰道，早已随着旧都的消失而荒废，因此新都城体系中的北墙虽然很可能利用并改造了建康都城北墙，但原来门开三道的玄武门、广莫门不再保留，城北渠（珍珠河）也被新的城墙隔断了与城内的联系。

《景定建康志》记有南唐北苑，仅知在城北，具体位置不明。因曾任南唐校书郎的郑文宝所撰《江南余载》称，德明宫（即德昌宫，位于原六朝台城），

"本南唐烈祖之旧宅，在后苑之北，即景阳台之故址"，故有专家认为后苑即北苑，在宫城北（原六朝都城西南角）、德明宫南。

不过，徐铉有《北苑侍宴诗序》："望蒋峤之欹嵌，祝为圣寿；泛潮沟之清浅，流作恩波。"北苑可望蒋峤（即蒋山，今钟山），可泛潮沟。而其前文曰："岁躔己巳，月属仲春，主上御龙舟游北苑。新王旧相，至于近臣，并俨华缨，同参曲宴。"北苑之宴在开宝二年（969），后主李煜带了新王旧相和近臣乘龙舟游之，可见规模之盛。他还亲自作序："偷闲养高，亦有其所，城之北有故苑焉。遇林因薮，未愧于离宫；均乐同欢，尚惭于灵沼。"（南宋吴曾《能改斋漫录》）翰林学士陈乔也有诗序曰："北苑，皇居之胜概也。掩映丹阙，萦回绿波。珍禽异兽充其中，修竹茂林森其后。北山苍翠，遥临复道之阴；南内深严，近在帷宫之外。陋周王之平圃，小汉武之上林。"综合上述诸文，称北苑在城之北，有林有薮，有潮沟，有珍禽异兽，属离宫，又比之周穆王西巡的县圃、汉长安城外的上林苑，则其址似当在鸡笼山、覆舟山以南，包括都城东北的潮沟一段。这里潮沟和城北渠交错，水道纵横，正宜乘舟泛游。

就《景定志》的书法而言，城北一般多指建康府城（南唐都城）之北，如城北后湖、城北覆舟山等，在北城的证圣寺、精锐军寨（同泰寺旧址）、都统制司等则用行宫（即南唐宫城旧址）北或行宫后表述方位，若北苑在宫城后，又与之毗邻，为何不同样直书

《南唐江宁府图》认定的北苑位置（《金陵古今图考》）

"行宫北"或"行宫后"？明《金陵古今图考》中南唐都城地图，即将北苑标注于都城外的北门桥以东，今成贤街则大概率位于北苑之中。

德明宫之南的后苑，毗邻宫城，也可称内苑，应当与后主舟游之北苑分别为两个苑囿。还有关键一点，后主提及北苑为"城之北有故苑"，若北苑是与宫城隔河相望的后苑，何不言"宫之北"，又为何以"故"相称？只有在都城北郊，才可能因其囊括了六朝乐游苑故址而称"故"，或者因其作为先帝中主时的北苑（著名画家董源在中主时任北苑副使），至后主时移出了苑囿体系而称"故"。宋人文献中常提及的后主北苑其实可能是与城内的后苑相混了。

北苑是南唐最著名的文化符号之一，代表了五代十国时期的文化高峰，除了董源在画史中以董北苑著称，还有北苑使善制"人竞贵之"的北苑茶，后成为享誉五代宋明的闽北建州贡茶的美号，北苑宫女创制风靡一时的北苑妆被载入史册。据郑文宝所撰《江表志》，北苑中还有大名鼎鼎的澄心堂，南唐文房三宝之一的纸中极品即以澄心堂为名，珍稀到连欧阳修、董其昌这样的大家都说不敢拿来下笔。

北苑使董源《龙宿郊民图》，画界认为此图反映了南唐都城的郊野景色

宋元时期，北苑已成往事，成贤街一带归于史无可载的沉寂。其北有覆舟山龙光寺，南宋端平三年（1236）在寺侧新建两座收葬与蒙古作战阵亡将士骸骨的义冢。若是走水路拜佛或祭扫亡魂，应该会在北门桥下乘船，经潮沟入成贤街东侧的城北渠（珍珠河），抵达龙光寺。从前述成贤街附近原老虎桥监狱工地的考古发掘看，除了南朝中晚期建筑遗迹及大量南朝青瓷器等文物，隋至五代遗物也很丰富，宋元遗物则明显减少，甚至还出现一座宋代砖室墓，黍离麦秀的沧桑感油然而生。

三江师范学堂（两江师范学堂）

兴盛千年的科举时代，在20世纪初步入终局。刚签订辛丑条约的清廷，为摆脱亡国危机厉行新政，教育方面就是颠覆性地取消科举，推行西方新学制。

1902年5月8日，两江总督刘坤一致函湖广总督张之洞，说他已请张謇代拟江鄂会奏稿，建议制定学制应从师范学堂入手，开具条例。5月30日，刘坤一又给朝廷上了《奏陈筹办学堂情形折》，提到"现已另设师范学堂……学成给以文凭，为小学堂教习"。数月后，刘坤一病逝，未及谋划高等师范学堂。正在筹办两湖师范学堂的张之洞奉旨署理两江总督，11月8日到任。但仅一个月，清廷又正式任命魏光焘为两江总督。张之洞甫到江宁，就着手大兴学校，虽因交卸在即，仍然确定了三江师范学堂的建设方案，并调曾留日学习师范教育的两湖师范学堂堂长胡钧来宁规划并筹建。新校参考袁世凯的直隶师范学堂之例，延聘12名日本教习，另聘50名中国教员，预定学额900名，于北极阁前勘定校址，范围东至成贤街，西抵进香河。

为了赶在交接前完成创校程序，推进速度非同寻常。1903年1月18日，张之洞亲自向日本东亚同文会会长近卫笃磨及副会长长冈护美致函电，请代为物色教习，要求"正月半到金陵"。1月22日《申报》报道："江南高等学堂经署督宪张香涛宫保改为宁属师范学堂并饬另设三江师范学堂，令学堂总办督同上、江两县赶紧寻觅宽广地方，建造房屋。"据该报后续报道，1902年冬张之洞已饬江宁藩司李有棻勘定城北昭忠祠隔河（进香河）地亩，拨款购买，择日兴工，同时派人赴上海，召集良工，估算建设费用。

1903年2月5日，还有14天卸任的张之洞奏陈了《创办三江师范学堂折》，详述创办理由和方案等。同日，借江宁府署完成开学礼。

继任两江总督的魏光焘，尽管经费极度紧张，还是坚持推进了学堂建设。此前，胡钧以日本东京帝国大学为参照设计校园和建筑样式，"物料装饰俱洋式"，总建筑经费需银30余万。有人建议改中式建筑，只要银18万两。魏光焘采纳江宁布政使李有棻的方案，学生分三班入堂，校舍次第增添，减少筹款压

三江师范学堂成立合影，前排左为魏光焘，右为张之洞

力，建筑仍用洋式。

6月19日，校舍工程开工。由于工程宏大，建设过程不断吸引媒体关注。光绪三十年（1904）初，建成5所洋楼后，《大公报》就称赞其"局面极其宏敞"，《东方杂志》报道"校舍俱系洋式，壮丽宽广，不亚日本帝国大学"。7月，学校由暂借地江宁府署公房迁至新校址。11月16日慈禧七旬万寿节，新任两江总督周馥特地选择在三江师范学堂宴请中外官绅。26日，学堂正式开学。至1905年，校舍全部竣工（日本东亚同文会报告）。

这是南京当时最大的西式建筑群，校园坐北朝南，占地200亩，有校舍200间。从成贤街进入校园南侧，即今东南大学东门，右手边自东向西，第一个大型建筑是口字楼（行政大楼），两层高，有办公室、仪器室、试验室、图书室；其西为主操场，其后为学生斋舍；再向西为主轴线，南北依次为主校门、一字楼（教学大楼）、操场、斋舍等；最后是教师住宿区，前为中国教习的田字楼，后为日本教习楼。

三江师范开办后，连番遭遇重大困难。首先是行政组织架构复杂，职掌重叠，且用人不当。高管任用也重同乡、私谊，甚至几乎没有江苏人，招致江苏教育总会会长张謇的抨击，要求三省士绅轮任。1904年底，端方特派缪荃孙、方履中、陈三立专司整顿三江师范课程，后转任总稽查。

其次，高薪延聘的日本教习屡次内讧。当时中国教习所教偏重中学，日本教习所教主要为西学的理工、技术类课程，是学堂体现现代化教育的重要方面。日本教习大多有学士资格，总教习菊池谦二郎是东京帝国大学文学士，曾任第二高等学校校长。1905年11月，学堂第一届一年速成科毕业后不久，10位日本教习联名向东亚同文会控诉菊池总教习"专制独裁"，影响他们发挥专长，要求解除其职务。同文会调解未果，最后是除了手工和图画科两名教习，其他都解聘。后来日本教习再次闹出反对总教习统制课程规划的严重冲突。

再就是原定江宁藩司铸造铜元收益用于办学经费，因清廷对铸造数额的限制，出现严重缺额，安徽、江西又屡不拨付协款，引起江宁士绅反弹，遂强烈要求三江师范学堂应正名为"两江优级师范学堂"（两江师范学堂）。

两江总督周馥在1905年也被参奏，奉命调查的

两江师范学堂全图

Higher Normal School　　　　兩江師範學堂

两江师范学堂一字楼

两江师范学堂口字楼（行政楼）

张之洞在三江师范问题上批评他用人不当。经诸多挫折后，周馥决定全面改革。他认为"两江"原本就兼辖三省，于1906年经奏请后正式更改校名。同年，提调、总稽查先后裁撤，将总办改为监督，下设教务长、庶务长、斋务长、医官。停办初级师范，专门培养中学师资。聘请署江宁提学使李瑞清为学堂监督。

李瑞清为光绪甲午科（1894）进士，次年选翰林院庶吉士，曾任江南高等学堂监督，在江宁提学使任上，妥善处理了江南陆师学堂学潮。李瑞清属立宪派，但也包容参加革命的学生，主张学术独立和中西

李瑞清（右一）与友人合影

交流融通，以造就"中国之培根、笛卡尔"。他上任后，以"视教育若生命，学校若家庭，学生若子弟"为理念，以"嚼得菜根，做得大事"为校训，"俭朴、勤奋、诚笃"为校风。首先对内讧的日本教习毫不姑息，果断解聘，并亲自赴日选聘5名教习，以后再次内讧时又解聘6人，至1909年先后新聘15名日本教习。对中国教习也注重延揽，舆地名家姚明辉、学问融贯中西的王益霖（后转任河南高等学堂教习兼斋务长）、后来的学衡派领袖柳诒徵、经学大家刘师培等先后受聘。学堂稳定了师资后，教学蒸蒸日上，还开始设立分类科分别招生，包括理化数学科、博物农学

柳诒徵

刘师培

科、国文外语科、地理历史科等，此外还有选科、公共科、补习科。至1911年7月，全校在读13班599人。

1911年辛亥革命，江宁布政使樊增祥出逃，李瑞清代行藩司之职，炮火中仍日率学生如常上课。革命军光复南京，沪军进驻两江师范，学堂被封。李瑞清不愿与临时政府合作，赴沪隐居。

截至停办，学堂前后招收学生约1600人，毕业者919人，其中三江师范时期有117人，获小学教员资格，两江师范时期802人，获中学堂及初级师范学堂教员资格者248人，升学本科的554人。由于教育质量高，两江师范学生毕业后社会评价较好。1910年初《上海时报》甚至报道：第一届分类科学生行将毕业，"定行压倒侪辈，故刻下旧日之师范生，异常惶恐"。

两江师范学生著名者有：经济学家、书画家凌文渊，1907年二年制速成科毕业，参与策划南洋劝业会，1922年曾任北京政府代理财政部总长，著有《中国经济学》《财政金融学》等，与陈半丁、陈师曾、齐白石并称京师四大画家。著名艺术教育家吕凤子，1910年图画手工选科毕业，曾任中央大学教授、国立艺术专科学校校长，20世纪50年代负责筹建江苏省国

吕凤子　　　　　胡小石　　　　　陈中凡

画院。著名文学家、史学家、书法家胡小石，1909年农学博物分类科毕业，历任中央大学、南京大学的中文系主任、文学院院长，南京大学图书馆馆长，为南大中文系三老之一。著名古典文学家陈中凡，1911年公共科毕业，曾任国立东南大学国文系主任，后为南京大学教授、江苏省文史馆馆长，也是南大中文系三老之一。革命烈士余良鳌，1911年因带头剪辫被迫辍学，民国初年在家乡安徽潜山从事小学教育，1925年加入中国共产党，1930年曾任红军34师秘书长，旋任区农会主席率赤卫队开展游击，不幸被捕牺牲。

　　三江师范是南大、东大等江苏诸多高校的创校源头，其筹建元年（1902年）至今皆被这些学校奉为建校之年。

南京高等师范学校与国立东南大学

中华民国肇建，两江师范虽未被战火直接破坏，但也迭遭兵祸，并先后成为江浙联军、北洋军冯国璋所部、江防步队、雷电练习所、江苏陆军十九师七十四团等的兵营，前后失火焚毁洋楼192间，标配仪器全部丧失，书笈仅留一二残帙。特别是1913年二次革命失败，北洋军入校，打死打伤护校夫役，连日抢劫，除房屋外，校内余物荡然无存。

1912年，全国临时教育会规划大学区4个和高等师范区6个，其中南京既要设大学，也要设高等师范学校，地位重要。省内教育界也一直呼吁两江师范复校。1914年7月，江苏民政长韩国钧委托张謇在南京文正书院的高足、原南通师范堂长江谦为两江师范学堂校长，筹备复校。8月30日，江苏巡按使韩国钧咨请教育部改两江师范为南京高等师范学校，仍委江谦为校长。这是继北京、广东、武昌三大高师之后的全国第四大高师，而且当时南京府已降为江宁县，而校名仍

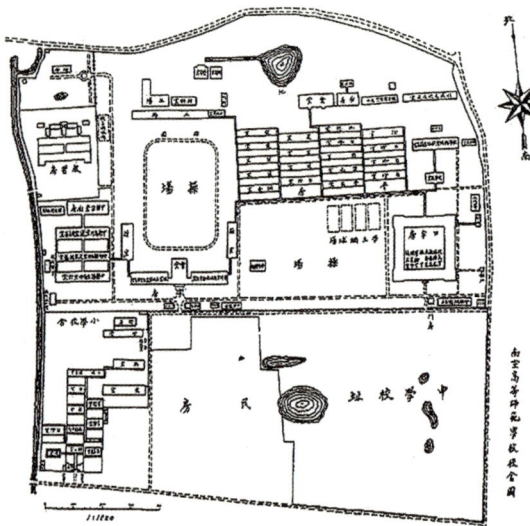

南京高等师范学校校舍图

冠以南京，可见其特殊。次年5月、7月，仍在校内的
七十四团和雷电练习所两部终于先后迁出。

1915年9月10日，南京高等师范学校在百般艰难
中正式开学，第一批学生仅3个班126人，实到110人，
分属国文、理化预科和国文专修科。至1919年，江谦
因病辞职，南高师共设国文史地部、数学理化部及教
育、英文、体育、工艺、农业、商业等专修科，全校
教职员120余人，学生399人，当年毕业生145人，规模

江谦　　　　郭秉文

仍无法与两江师范时可比。

　　江谦以美国哥伦比亚大学教育学博士、南京籍的郭秉文主持教务，广聘硕学及留学人才，先后罗致柳诒徵、李叔同、陶行知、邹秉文等名师。明确以"诚"为校训，并写入其创作的校歌"大哉一诚天下动，如鼎三足今曰知曰仁曰勇"，由李叔同作曲，现仍为南京大学校歌。他重视实科，在全国高师中率先开设农工商专修科；还非常重视体育，1916年就聘美籍教授麦克乐（C.H.McCloy）开设体育专修科，也是首开中国体育高等教育的先河，并要求学生一是必修体育课，二是每日晨起必须做呼吸运动。此外，南高师还设立了附属小学、中学。小学在西，临进香河，为旧宁属师范学校校舍，1916年秋筹备，1917年2月开学，今为南京师范大学附属小学。中学在东，临成贤街，前身为位于成贤街大石桥的三江师范附属中学堂、两江师范附属中学堂，1917年3月筹备，9月开学（因新址未建成，暂借师范部房屋）。1937年8月时名中央大学实验学校的校园毁于日机空袭，抗战胜利后迁察哈尔路，今演变为南师附中。其在成贤街校址的办学史长达20年。

1918年3月，江谦因身体有恙，由教务主任郭秉文代理校长一职。1919年9月，郭秉文被正式任命为校长，不久先后聘陶行知为教务主任、刘伯明为学监主任，南高师进入新的历史阶段。当时，在陶行知推动下，南高师先通过女子旁听办法，次年夏又正式招收女生，同时还为各地教师、教育行政人员创办暑期学校，开女禁、办暑校都是全国首创。南高还在校设立了学生自治、运动、校舍建筑等20多个常设和临时委员会，由教职员分别管理，民主决策，共同治校。特别是重视科学的郭秉文身为任鸿隽、杨杏佛、赵元任等留美生创办的中国科学社社员，大量引进骨干社友来校任教。该社于1918年迁回国内后，因缺乏租房经费，即将总部借设于南高师内，后又辗转迁址成贤街文德里的官房。至1920年时，南高师著名教授中来自中国科学社的至少10余人，南高及后来的东大成为"中国科学社的大本营"，为中国近现代科学事业发展提供了重要基地，博得"以科学名世"的盛誉，加之以科学社成员为主体成立的中央研究院落址成贤街，南京也因此深深烙上了科学的印记，堪称中国现代科学的摇篮之城，其原点坐标无疑就在科学社成员意气风发频繁往来的成贤街一带。

同时，郭秉文改革了学校的行政组织，设立自兼主任的校长办公处，刘伯明任副主任，相当于副校长，下设教务处、事务处（原斋务、庶务）和训育处（原学监）。将国文史地、数学理化二部合为文理科，下设国文、英文、哲学、历史、数学、物理、化学和地学八系，新设文理、国文专修科，共有八个专修科。专科之多为国内高师所罕见，兼及各类设计与当时教育部所颁《高等师范学校规程》多有不同，实已具备综合大学的规模。

1920年4月7日，南高师校务会议提出筹备国立大学。12月7日，国务会议批准建立国立东南大学。15日，东大筹备处正式成立。1921年9月，郭秉文兼

1921年，南京高等师范学校增挂东南大学校牌

1923年7月，东南大学撤去南京高等师范学校校牌

任东南大学校长。据张其昀回忆，新大学"自新建成贤街宿舍而外，校舍、教员以逮图书设备，一赖高师之旧"（新宿舍位于成贤街54号，由启德公司承建，1921年9月落成，可容240人）。1922年11月，北京政府公布学校改革令，南高师可改称师范大学。郭秉文回复教育部，南高师与东大"名虽两校，实则一体"，提出两校合并。12月26日，南高师评议会、教授会联席会议通过归并东南大学办法。1923年7月3日，东大通告，撤去南高师校牌。

南高师成为历史，其实消失的只是校名，其校风被新成立的东大进一步发扬光大，学校规格更是全面升级，规模快速扩大，设有文理、教育、农、工、商五科共23个系，成贤街拥有了现代意义上真正的综合大学。

郭秉文作为主要参与者，与北大、江苏教育会等推动美国教育家杜威1919年至1921年来华讲学一年，期间两次到访南高师，1920年二次来访还设讲席一个半月，讲授《教育哲学》《试验伦理学》《哲学史》等"三大讲演"，对中国教育影响至深。1920年10月，英国哲学家罗素在南高师演讲哲学。1921年9月至1922年1月，美国教育家孟禄博士来华考察，称赞

1920年，美国教育家杜威来南京讲学

1924年，来华的泰戈尔（中）和徐志摩（右）等合影

东大"为中国政府设立的第一所有希望的现代高等学府",并促成洛克菲勒基金会为其资助建造科学馆。

此后大批中外著名学者受邀赴东大讲学。1924年4月，徐志摩任翻译，印度文豪、诺贝尔文学奖获得者泰戈尔在东南大学体育馆作《中印文明》讲演，宣称"近世文明，转尚物质，并不为贵，亚洲民族，自具可贵之固有的文明，宜发扬而广大之，运用人类之灵魂，发展其想象力，于一切文化事业，为光明正大之组织，是则中印两国之大幸，抑亦全世界之福也"。

梁启超

国内学者受邀的有胡适、欧阳竟无、顾维钧、张君劢等，最知名且影响最大的应该算是梁启超，曾三次到东大讲学。1922年夏，东大首次开设暑期学校，邀请名师自由讲学。梁启超以此契机于8月上旬来到南京，下榻于成贤街宿舍，其讲座《为学的趣味》鼓励青年做学问，"学问的本质能趣味始，以趣味终""不但在成功里头感觉趣味，就在失败里头也感到趣味"。他自己也身体力行，暑假后期，每日从成贤街坐车去支那内学院听欧阳竟无讲唯识学。10月至次年1月又在东大主讲《先秦政治思想史》课程，并讲演《历史统计学》《治国学的两条大路》等，后者系统阐述了他的国学观念，是近代国学运动的标志性文章。这期间，他常一边写作，一边与前来拜访的学生热情交流，展现了充沛的精力和诚恳的态度。

随着学校的扩大，教职员和学生数量增长很快。1920年至1923年，东南大学教职员从130余人增至240人，在校生由541人增至1222人。而学校建筑仍为清末师范学堂时期所建，且经战乱，惟余一字房、口字房、教习房、学生斋舍等。东大成立之际，郭秉文即聘请之江大学建筑部建筑师韦尔逊（J.Morrison.Wilson）兼任校舍建筑股股长，拟订校园总体规划，吕彦直、过养默等开办的上海东南建筑公司负责绘具总图。由于北京政府批设东大时，已表示国家财政不足，名为国立，实则学校经费只能靠江苏省财政支

东南大学孟芳图书馆

在口字楼废墟上建成的科学馆

东南大学体育馆

东南大学附中二院教学楼

持，军阀混战更让经费经常短绌。因此学校建设亟须依赖社会捐助。

第一个重大项目就是独立的图书馆，因学校当时仅有设在口字楼内的图书室，故"比甫有大学之设，筚路蓝缕，万事草创，而建馆购书，为万事中尤急之一"（《东南大学图书馆募捐启》）。东大还在筹备招生之际，校董会即向社会发起募捐，但所得款项远远不够，后郭秉文说服新任江苏督军齐燮元以其父亲齐孟芳之名捐私款15万元，承担了全部建筑费。1922年1月，图书馆与体育馆、附中二院同行立础典礼，省督军、省长、教育厅厅长与正在中国开展教育调查的美国著名教育家孟禄博士等均到场参加。体育馆1923年落成，在建设过程中又需要补建游泳池等附属建筑，额外向社会募捐了4万元。建成不久，泰戈尔即在此发表演说，轰动一时。图书馆以孟芳为名，美国建筑师朱塞姆·帕斯卡尔（Jousseume Pascal）设计，1924年落成。1923年12月，口字楼不慎走电失火，房屋与其中的图书、动植物标本全部焚毁，损失30余万元。全校师生主动捐款，加上保险赔款、财政拨款、各界捐款约30万元，又得洛克菲勒基金会捐款20万美元，于1924年6月于原址兴建规划中的科学馆，上海东南建筑公司设计，于1927年建成。上述三馆沿用至今，仍为东大重要地标。

此外，遍布南京街道、俗称"法国梧桐"（二球悬铃木）的行道树，据说最早是1872年法国传教士倪怀纶在新建的螺寺转弯天主堂附设小学（石鼓路小学前身）种植了一株，现编为001号悬铃木，但没有在城内推广种植。1886年，上海法租界公董局才在外滩批量种植从法国引进的大约120株法国梧桐（《北华捷报》）。据南京农业大学校史资料记载，1923年南高师（东大）园艺系教授葛敬中、吴耕民自上海法租界的法国园林工程师卓索姆（P.Jousseaume）处以每枝一元的价格购买法桐插条，引种于东大校园、大石桥、鼓楼公园，这可能是南京首次有意识地推广种植法桐。1922年，东大庆祝"双十"节，葛敬中负责布置陈设，当时校门外大马路（位于东大附中操场西侧，今为四牌楼校门内的马路）两旁所植的法国梧桐每株都悬灯4盏，《申报》报道时特别指出这些法桐高有二丈许，可见东大自己种植法桐的历史还要更早。

被视为中国国家奥委会前身的中华全国体育协进

会（初名中华全国体育联合会）也是于1924年7月5日在东南大学校园内宣布成立，很快开始代表中国参与国际奥林匹克事业，并于1928年的第九届奥运会首次派人观摩。

1925年，东大在校生已达到创纪录的1483人，教职员也有270人。学校蒸蒸日上、声誉日隆之时，由于把持北京政府的直系军阀因冯玉祥政变倒台，皖系段祺瑞执政，直系骨干齐燮元于1924年12月被迫卸任江苏督军宝座。江苏长期为直系势力范围，齐对东大的支持也使郭秉文被视为与直系过从甚密的学界代表，遭到皖系和国民党的共同反对。倡导革命的工科教授、国民党员杨杏佛早就不满郭与军阀的往来，1924年夏，校董会又决议同意停办工科，杨遂南下追随孙中山任其秘书。1924年底，杨陪孙中山北上共商国是之际，通过国民党北京特别党部宣传部长、时任北京政府教育部代理总长的马叙伦推动免郭。1925年1月段祺瑞政府下令罢免郭秉文，改由上海大同学院院长胡敦复继任。前后近一年始告平息，虽然事出有因，但后期转为军阀当局对大学管理的粗暴干涉。1925年10月，江浙战争爆发，直系的孙传芳进入南京。1926年3

月，段祺瑞下台。在此期间，教育部前后任命的胡敦复、秦汾均未能上任，郭秉文也从此离校。地质学竺可桢、心理学陆志韦、生物学秉志、化学任鸿隽等知名教授都纷纷离职，学校发展严重受挫。

1926年，恢复平静的东大迅速调整，实行文理分科，共设文、理、教育、农、商五科31个系（原工科以于1924年与河海工程学校合并设立国立工科大学，即河海工科大学，工科主任茅以升为校长）。11月，学校还通过了设立研究院的简章。1927年3月，国民革命军占领南京，东南大学停课。

国立中央大学

1927年4月，国民党中央政治委员会准备将停课的东南大学改为东南中山大学。5月，新成立的南京国民政府派原东大教授胡刚复（胡敦复之弟，曾在南高师创建中国最早物理实验室）等接管国立东南大学。6月，按照新分布的《大学组织法》和《大学区组织条例》，以东大为基础，合并河海工科大学、上海商科大学（前身为杨杏佛创建的原南高师商业专修科）、江苏法政大学、江苏医科大学4所大学及南京工业专门学校、南京农业学校、苏州工业专门学校、上海商业专门学校4所公立专门学校，组建国立第四中山大学。学校设自然科学院、社会科学院、文学院、哲学院、教育学院、工学院（复成桥校区）、农学院（丁家桥校区）和在上海的商学院、医学院，共9院37个系科。江苏省教育厅裁撤，厅长张乃燕（张静江侄）转任国立第四中山大学校长。这一年，学校有教员257人，学生1421人。知名者有闻一多、梅光迪、汤用彤、熊十力、何鲁、吴有训、严济慈、孟宪承、张士一等。

由于以数字序号为校名，对外交流徒增困惑，且与《大学区组织条例》规定的大学区"以所在省或特别区之名名之"不符，1928年2月经张乃燕呈请，大学院大学委员会将学校更名为江苏大学，且取消国立二字。未料，新校名遭到学生普遍反对，理由是以江苏为名，不足以冠全国中心之学府，又影响外省学生求学，也会困住学校发展手脚，要求以首都所在的南京为名，改国立南京大学。4月13日，全体学生大会在体育馆结束后，100多名学生将挂了40多天的江苏大学校牌摘下，送还成贤街的大学院，当场被婉拒。4月20日，全校学生愤而罢课三天。24日，大学委员会被迫妥协，临时议决改学校为国立中央大学。5月，经国民政府行政院复议批准，校长仍为张乃燕。

1928年7月，中央大学调整院系设置，改自然科学院为理学院，社会科学院为法学院，其中社会学系、历史系与改院为系的哲学院并入文学院，共设8院34个系科，是当时全国实力最强、规模最大的第一学府。据教育部民国十七年学年（1928—1929）工作概况统计，中央大学学生1731人，相当于清华大学、交通大学、武汉大学、浙江大学四校的总和，教职员工565人，更超过了上述四校的总和（见表1）。1930年时仅学生宿舍就有7所，其中女生宿舍在九眼井，男生宿舍分布在成贤街、四牌楼、文昌桥。

表1　民国十七年学年（1928—1929）
五大高校基本情况统计表

项目	中央大学	清华大学	交通大学	武汉大学	浙江大学
学院（个）	8	4	2	3	5
系科（个）	34	13	4	6	13
学程（门）	555	166	130	54	290
学生（人）	1731	305	773	314	343
教职员（人）	565	130	133	106	142
年经费（元）	1,555,116	725,681	295,425	304,796	309,562

中央大学成立后，经费时见短绌，维持现状都觉困难，而学校各项营建又如火如荼，至1930年9月已建成工艺实习场、煤气室、物理仪器工厂、化工科、实验工场、电气实验室、学生第六宿舍、生物研究所等

16项工程，还在建筑中的有大礼堂，是靠公私募捐筹得30余万元。屡因经费焦头烂额的张乃燕在中大成立次月就曾申请辞职。1929年江苏省财政厅又因学校经费以江苏省拨款为主，与国立专门以上学校经费由中央支出的训令不符，拟将175万元中大经费从省级预算中全部剔除。1930年10月，万般无奈的张乃燕又遇校内纠纷，遂将辞职书上呈蒋介石后，径自离校赴沪。12月，广东中山大学校长朱家骅接任。他努力解决经费问题，并为停工的大礼堂争取到国民政府拨款，由建筑系卢毓骏教授主持续建，于次年4月底竣工，成为中大最出名的地标建筑。20世纪30年代，国民党中央多次在此召开会议，震惊全国的1935年中大礼堂"刺汪案"就是汪精卫主持国民党四届六中全会时发生的。

1931年九一八事变后，中大学生先是怒打外交部部长王正廷，后又冲击国民党中央党部、冲砸中央日报社，压制学生抗日救亡运动的朱家骅引咎辞职。1932年6月，在先后任命的三任校长或代理校长辞职后，政客出身的教育部次长段锡朋任代理校长，又被学生扭打仓皇离校，旋即也告辞职。蒋介石震怒之下命令解散中央大学，听候整理，教员予以解聘，学生

中央大学大礼堂

中央大学鸟瞰

等待甄别。期间，李四光代理校长。整理完成后，医学院、商学院分别独立，开除学生由60人减为19人，学科适当调整，经费依实发给。8月，五四时期的学生领袖、首任国立清华大学校长罗家伦奉命担任校长，"易长风潮"渐告平息。此后，中央大学进入一段稳定发展期。

罗家伦因1927年以来学校三更校名六易校长，动荡五年，影响了发展，故确定以"安定、充实、发展"为办学原则，首重营造安定的教育环境；其次是充实院系，筹办研究院，理科研究所算学部、农科研究所农艺部先行招生，重设医学院，根据社会需要增加心理学系、水利工程系，特别是创办了中国第一个航空工程学系；再次是重视延聘名师，在原东大基础上，云集了八方才俊，一时灿若星辰，如文学院的王伯沆、黄侃、汪辟疆、胡小石、汪东、赛珍珠、楼光来、徐仲年、范存忠、朱希祖、柳诒徵、金毓黻、徐光、缪凤林、郭廷以、宗白华、方东美等；理学院的孙光远、胡坤陞、周鸿经、张江树、曾昭抡、张钰哲、张其昀、胡焕庸、高济宇、袁翰青、欧阳翥、罗宗洛、李学清、徐曼英、曾远荣、周炜良、倪则埙、耿以礼、陈义、肖孝嵘等；法学院的孙本文、朱偰、周鲠生、乔万选、雷沛鸿、陈长蘅、马寅初、谢冠生、马洗繁、黄正铭等；教育学院的张士一、常道直、艾伟、潘菽、郭任远、洪范五、吕凤子、徐悲鸿、潘玉良、陈之佛、吕斯百、傅抱石、张书旂、马思聪、程懋筠、乔壮翁、吴蕴瑞等；农学院的金善宝、邹钟琳、曾勉、毛宗良、熊同和、罗清生、陈之长、许振英、李寅恭、沈学源、梁希等；工学院的顾毓琇、陈章、卢思绪、刘敦桢、刘树勋、杜长明、陆志鸿、原素欣、陈大燮、罗荣安（航空工程学系创办人）、吴大榕等；医学院的戚寿南、蔡翘等。

1932年至1937年，中央大学的校园建设持续改善，扩充了图书馆，重修了生物馆、体育馆、东南院（法学院）、南高院（教育学院）、第一男生宿舍（改为女子宿舍），改建梅庵（音乐教室），新建医学院、牙医专科学校（中国第一所，有附属牙医院）、文昌桥学生宿舍二所、实验中学雪耻楼、实验小学民族楼。由于成贤街校本部只有300亩面积，"地处都市中心，无从发展，而且车马喧嚣，市气逼人，不宜于研讨学问，培养身心"，经罗家伦申请，1934

中央大学图书馆

中央大学生物馆

中央大学音乐教室

中央大学新教室（工学院）

年国民党中央批准中央大学在石子岗选定新址，次年按照5000至10000名学生规模征地8000亩。

　　1937年全民族抗战爆发，新校址建设被迫暂停，校本部四次遭到日机轰炸，礼堂、图书馆、科学馆、文学院、实验学校、牙医专科学校、学生宿舍等均被炸受损。10月，中央大学按照教育部命令举校西迁，7个学院的学生、教职员及家属4000人，随图书、仪器1900箱，离开成贤街，陆续前往重庆沙坪坝重庆大学校址新建的校舍。值得一提的是，原本学校明令放弃的千余良种禽畜在中大农学院畜牧场长王酉亭带领下，从成贤牧场（兰园一带）等地集中，于12月9日南京沦陷前夕渡江西行，风餐露宿，历时近一年，抵达重庆汇合。南开大学校长张伯苓为此感叹："抗战时期的两个大学有两个鸡犬不留——南开大学鸡犬不留，是被日本人的飞机投弹全炸死了；而中央大学鸡犬不留，全部都搬到重庆了。"

　　1937年10月4日，中国红十字会首都办事处成立，在腾空的成贤街中央大学本部开办首都医院，专门救治淞沪会战中负伤的将士。医院拥有病床5000多个、医护人员及工役700多人，号称"伤兵医院之冠"。至

南京沦陷时期，侵华日军将中央大学校址改成了陆军医院

11月中旬撤离，共救治了3300多名前线伤兵。日军占领南京后，又将其改成了服务日军的军事医院。汪伪政府以鼓楼原金陵大学旧址开办了伪中央大学。抗战胜利后，占用中大校址的日军医院被国民政府军政部接管，成为南京区第一临时医院。

　　1945年11月，校长吴有训来南京办理校园接收手续。此时中央大学已有师生和眷属1.2万名，为战前的数倍规模。原有校舍显然不够用，石子岗新校址又无力建设，于是学校利用城中原址改为两部，成贤街四牌楼校区为校本部，设行政机关和文、理、法、师、工五院及农学院的一部分，原牙科大楼改作大学医院和牙症医院，实验中学迁三牌楼；丁家桥校区为二部，设农学院、医学院及新生院（一年级、先修班）。工学院院长刘敦桢负责复建修整工程。其中在成贤街一带的最重要工程就是建成7幢二层高的文昌桥宿舍楼及配套的膳堂、浴室、厕所，可容纳学生3000人。1946年5月至7月，中大师生分8批先后复员回南京。

抗战时期，中大原有40万册藏书仅存20万册不到，大概是损失最大的校产。图书馆成为日军医院的病房，原有设施荡然一空。复员初期，图书馆难以迅速恢复，学生们只能借用成贤街的国立中央图书馆，签到簿上几乎都是中大学子的名字，为一时奇观。

1946年11月，复员后的中央大学开学。学校有7个学院43个系科，在全国国立大学中系科设置最齐全。在读学生4719人，包括了教育部分配的青年军复读生、沦陷区中大插班生，以及侨生、留学生（印度、巴基斯坦、土耳其、韩国），是全国学生最多的大学。其中工学院以1230人居首，次为法学院1114人、文学院571人，最少的师范学院也有377人，另外还有研究生68人。据1947年初的数据，全校教职员1266

吴有训　　　　　　　　　吴有训户籍卡

人，其中专兼任的教授、副教授401人，讲师102人，是战前的一倍多。其中，文学院有院长范存忠等教授63人，理学院有院长欧阳翥等教授63人，法学院有院长何联奎等教授58人，师范学院有院长徐养秋等教授36人，农学院有院长罗清生等教授36人，工学院有院长陈章等教授58人，医学院有院长戚寿南等教授37人。

当时的校长吴有训是毕业于南高师的物理学家，被称为中国近代物理学的开山祖师。他清廉掌校，不住花园洋房，全家七人挤在中央研究院的两间宿舍，与其他家庭共用一个小客厅，还多次拒绝蒋介石、孙科等当权者的请托或笼络。原中央大学教务长高济宇曾评价："吴校长的学问、人品均属上乘，中央大学真正得到师生拥护的校长，恐怕只有吴有训先生一人。"在中大期间他还有一项功绩就是开拓了中国原子能的研究事业，引进了中国核物理研究的先驱者赵忠尧任教授，在物理系新建了原子核研究室，并与中央研究院在小九华山合作建立了中国最早的原子能研究基地。

1949年1月23日，由于国民党政权在解放战争中失利，校长周鸿经根据教育部迁校密电，提出将学校搬迁至厦门，遭到教授会主席、生化科教授兼主任郑集等绝大多数与会者的否决。周遂弃职而去。31日，中央大学教授会组成校务维持会，并推胡小石、梁希、郑集为常务委员，主持校政。2月初，为反对搬迁暨争取生存，学校又由教员、职员、同学、工友、校警五方面代表组成应变委员会，下设常务委员会办理日常事务，公推地理系主任、著名人文地理学家李旭旦教授为召集人。委员会下又设分组处理物资、消防、警卫等各项事务，如机械系教授、中国热工自动化学科奠基人钱钟韩为储备分配组主任，体育系主任、新中国第一所体育高校——上海体院创始人吴蕴瑞为警卫组主任。校务维持会在特殊时期积极维持学校运转，争取应变费及粮食，营救释放被捕学生，并支持应变委员会前后工作4个月，为学校度过艰难时刻、顺利迎接南京解放作出重大贡献。"四一"惨案中，中大有两名学生被国民党暴徒打死，47人受伤，校务维持会为此主动辞职，由刘庆云、胡焕庸等11人组成新一届维持会，熊子容、刘世超、孙本文为常务委员，继续护校应变。

4月23日，南京解放。4月底，中大梁希、潘菽两教授因应周恩来之邀秘密北上参加新政治协商会议筹备工作，遂电请南京军管会主任、南京市市长刘伯承早日接收中央大学。5月7日，刘伯承、宋任穷委派市

南京大学校门

军管会文教接管委员会大专部部长赵卓为中央大学军代表，负责接管事宜。全校92%的在校人员，约2900余名师生员工报名参加物资、设备等清点工作。9月10日，四牌楼校本部和丁家桥二部举行正式接管仪式。

8月8日，根据市军管会文教委员会通知，国立中央大学更名"国立南京大学"（1950年10月10日去除国立二字）。12日，校务委员会成立，梁希任主席，潘菽为教务长，干铎为校务委员会秘书长，涂长望为二部主任，张江树为理学院院长，钱钟韩为工学院院长，金善宝为农学院院长，蔡翘为医学院院长，高学勤为大学医院院长，胡小石为文学院院长，吴传颐为法学院院长，陈鹤琴为师范学院院长。至年底，全校7院共有33个系、19个科、5个专修科，教师562人，其中教授180人、副教授67人，在校生2363人。

1952年3月24日，南京市市长柯庆施呈报《关于南京大学、金陵大学合并、调整方案的请示》：1.南京大学文、理、法三院各系与金陵大学文、理两院合并，成立正规的综合大学，仍名南京大学；2.以南大工学院为基础，合并金大理学院电机、化工两系，成立南京工学院；3.南大、金大农学院合并成立南京农学院；4.南大师范学院各系与金大文、理两院相同或有关各系及与高级师范专修班合并，成立南京师范学院；5.新南京大学保留原南大、金大必要职员，成立行政机构，其余为南大者拨归工学院，为金大者拨归农学院及师范学院；6.关于图书、文物，有关工程、农林、教育、美术、音乐、体育及其他复本，拨归专门学院，其余均归综合大学。关于校址的建议：南京工学院宜设南大四牌楼不动；南京大学把校址让给工学院……，迁到金陵女子文理学院旧址。这个方案很快批准执行，奠定了南京今天的高校格局，其中南京工学院于1988年恢复东南大学之名。

从三江师范到中央大学，成贤街目睹了40多年风云变幻，大批学者精研学术孜孜育人，无数学子攻读学业成为栋梁，前赴后继、教学相长，共同熔铸了"诚朴雄伟，励学敦行"的南雍学风，尽管经历了反动政府覆亡前持续数年的高压统治和经济崩溃，以及最后数月全校师生艰巨的反搬迁斗争，大浪淘沙，精华俱存，给新生的南京大学、原地保留的南京工学院以及重组派生的其他高校留下了很高的发展起点，为新中国的高教事业作出无可磨灭的贡献。

谭延闿故居

谭延闿（1880—1930），字祖庵（组庵）、祖安，号无畏、切斋，湖南茶陵人，生于浙江杭州。直隶总督谭钟麟庶出之子。光绪甲辰恩科会元。清末为湖南立宪派首领。1911年辛亥革命时，推为湖南都督。1912年，加入国民党。先后参加二次革命、护国运动，反对袁世凯，前后三掌湘政。1922年后，追随孙中山，再次加入中国国民党，任湘军总司令组建了嫡系部队，多次在军事上鼎助孙中山脱困。孙中山一度介绍他与宋美龄结合未果，但与宋家从此建立密切

谭延闿

关系。1925年，国民革命军整编，所部编为仅次于蒋介石第一军的第二军，任军长。1926年曾任代理广州国民政府主席、中央政治委员会主席、代理国民党中央党部主席。

1927年9月，国民党宁汉沪三方合流，在南京成立党政最高决策机构——中央特别委员会，表面上暂时结束了国民党三个中央党部、两个中央政府并存的分裂局面，谭延闿为五名常委之一，但为实际主持人。中央特别委员会办公地在成贤街中央党部，谭延闿遂租住四牌楼对面的石板桥19号，方便办公。1928年2月后，谭延闿历任国民政府主席、行政院院长。1929年4月又购置成贤街37号胡延（字研孙，清末江安粮储道，1904年去世）旧宅——曼园，"甬道甚深，池树山亭，亦有别致"。经粉饰一新，至10月5日入居，谭独居一楼，子女在侧屋，时常步行前往府院。新居对外编为成贤街36号，位于国立中央大学东门对面之珍珠河畔，属西式公馆，面积较大，谭每日晨起常在花园中走千步健身。因有余屋多间，还供其秘书长也是姻家世交吕苾筹（后曾任铁道部次长）一家居住。

此后，谭与蒋介石开始紧密合作，调解蒋与汪精卫、胡汉民等各方关系，为稳固南京政权出力甚多，还大力疏通宋子文之梗阻，促成蒋介石与宋美龄联姻，并作证婚人。1928年2月任南京国民政府主席，至10月转任行政院院长，兼任首都建设委员会委员等职。虽然身居要职，但面对已经大权在握的蒋介石，谭延闿奉行其一贯的不负责、不谏言、不得罪人的"三不主义"，专注书法和美食。他擅长颜楷，常治榜书，中山陵孙中山墓碑、中山门门额、省立国学图书馆陶风楼匾额等皆其题写，成贤街时有清末所立庹孝子（名昌华）割肝祠（已辟为旅舍），谭曾为其书联"断指救亲和血赤，割肝疗母见心红"。谭家菜（组庵菜）更名声远扬，糅合了淮扬菜的基础、岭南菜的技法，尤以鱼翅筵席著称，其家宴厨司为曹荩臣（曹四），谭呼之为曹厨，曾奉命为款待国联调查团制作翅席，一些要人也会借谭公馆宴请贵宾或召集会议。

1930年9月21日，谭延闿前往小营观赛马时，突发脑出血，"急顾左右，言须上总理陵。车至中山门已噤不能言，即折返成贤街私宅"。次日9时病逝，时年51岁。蒋介石痛失政治盟友，予以最高规格的国葬，由宋子文担任国葬典礼办事处主任，在紫金山为其专

陈诚与谭祥

谭延闿故居现状

门修建了仅次于中山陵的300亩陵园，成为首都一大名胜。10月9日，蒋介石自中原大战前线飞回南京，前往谭宅吊丧。10月17日，其灵榇由成贤街谭宅移至第一公园停灵，蒋介石、胡汉民等中央执、监委员，国民政府委员及各院部简任以上官员，俱在灵前步行执绋。1931年9月，墓穴完工，实行国葬典礼。

另，经蒋介石夫妇介绍，谭延闿二女谭祥（宋美龄义女）与陈诚（时任第14师师长，为此与原配离婚）于1931年5月行订婚礼，地点就在成贤街谭宅。

谭公馆建筑现为成贤街112号，位于南京市中心医院西南，仅存一栋三层建筑，二层有外挑的观景阳台（当为谭延闿日记所言"上楼习拳"处，后被住户改动封闭），下承两根西式石柱，有待保护修缮。

杨廷宝故居

　　杨廷宝（1901—1982），河南南阳人，建筑学家、教育家。美国宾夕法尼亚大学建筑系毕业，获学士、硕士学位。1927年至1949年就职于关颂声创办的基泰工程司。1940年，任中央大学建筑系教授。1949年至1982年，历任国立南京大学建筑系主任，南京工学院建筑系主任、工学院副院长、建筑研究所所长，江苏省副省长。1955年当选为中国科学院学部委员

杨廷宝

（院士）。1982年12月在南京逝世。

　　杨廷宝一生从事建筑设计50余年，完成作品100多项。据东南大学汪晓茜教授统计，仅1927年至1948年，他就设计了86幢房屋，一半以上集中在南京，是对现代南京城市建设影响最大的民国建筑师。其中最为知名的包括中央体育场、紫金山天文台、中央医院、谭延闿墓、中央研究院、中山陵园音乐台、国民党中央党史史料陈列馆（西宫）、大华戏院、国民党中央监察委员会办公楼（东宫）、北极阁宋子文公

杨廷宝设计的中央大学南大门

馆、中山陵园孙科公馆（延晖馆）等。这些杰作有不少位于当年的中山大道（今中山北路至中山东路），以致被戏称为"杨廷宝一条街"。

成贤街上也留下了他的设计印迹。特别是中央大学及后来南京工学院的部分建筑，如1933年扩建中央大学图书馆（原孟芳图书馆），使其面积增大4倍。同年，又设计了简明西式古典风格的学校南大门（即沿用至今的四牌楼校门），与西式校园相得益彰。1936年，为学校设计了牙科医院（今金陵院）。1949年以后，学校生物馆和大礼堂两侧扩建工程、五四楼、五五楼及中心大楼、沙塘园学生食堂及宿舍等也都是其主持或指导下完成。

当然，他位于成贤街104号的自用住宅——"成贤小筑"更像一枚精致小巧的珠玉。1946年，中央大学自重庆复员南京。任职中大建筑系教授的杨廷宝购买了与学校一街之隔的约1000平方米宅基地，花费两个月时间亲自设计建造，于当年10月完工。花木扶疏的园内，西南角临街处为门房，东北角深处为主楼，建筑面积164平方米。红色平瓦屋面，米色灰粉外墙，色调优雅宜人。主建筑为西式三开间二层楼房，一楼为厅堂，客厅在西，书房居东；二楼为卧室三间。厨房、卫生间为平房，在主楼东侧的围墙下。整个建筑布局合理，轩敞雅致，内部设计方便实用，恰到好处，是一处体现大建筑师巧思与格调的宜居佳品。

1973年杨廷宝手绘"成贤小筑"水彩画
（东南大学汪晓茜提供）

无锡荣家故产

　　荣德生与兄长荣宗敬，以经营钱庄起家，后开茧行，积累了财富。随后开办面粉厂和纱厂。第一次世界大战导致欧洲粮食危机，国产机制面粉大量出口。至1919年，荣家兄弟旗下发展到8家面粉厂，其中无锡5家面粉厂就有4家归荣德生经办。从五四运动、五卅运动到北伐战争，国内抵制洋货的斗争此起彼伏，民族工业再获发展良机，荣家积极参与，快速扩张。1922年，荣家旗下面粉厂产能占到全国民族资本面粉

荣德生

工业产量的三分之一，被称为面粉大王。1931年，荣家的申新纺织拥有大型纺织厂9个，纱锭64万枚，为全国最大的民族棉纺企业，又获棉纱大王称号。

　　荣德生很早就在成贤街有部分地产，具体购置年代不详，或许是他在1918年当选江苏省议员以后。1927年，"南京政局已固，北伐日见胜利"，无锡同乡王启周最初发起，蔡子平、俞仲还等主持商议"创立锡金同乡会"（无锡古称金匮，锡金即无锡），荣德生遂主动捐出成贤街转角沿街地五亩，并捐款资助建筑会所（荣德生《乐农自订行年纪事》）。该会所于1930年11月落成，由京内外无锡同乡共同捐集1.1万元所建，定名"锡山邑馆"。会馆为西式楼房，楼上为会议室，楼下为大礼堂，上下各有房间五六个，四周有阳台走廊。据无锡当地报纸报道，旅京无锡同乡会是国民政府定都南京后，第一个成立并建筑会所的同乡会。荣德生、荣宗敬兄弟，与京外同乡无锡县商团公会会长杨翰西、实业家蔡兼三等，旅沪旅镇同乡会代表，旅京同乡会会员蔡子平、张翼后、稽涤生、杨邦藩、江禅山、华少纯等300余人出席落成典礼。该建筑现已不存，旧址在四牌楼和成贤街交汇口西南

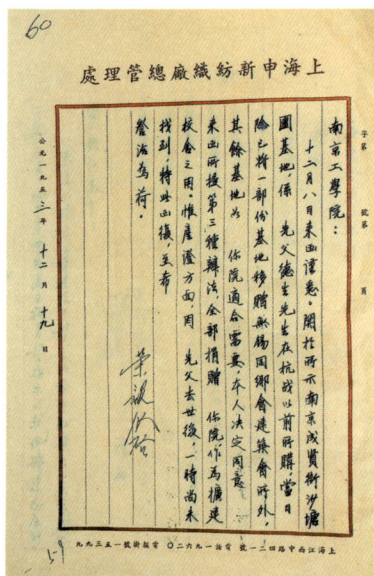

1953年，荣毅仁向南京工学院捐赠成贤街地基的信函

角，今为高层住宅楼。

　　荣德生在无锡同乡会会所毗邻的其他地产也先后捐出。据无锡方志办编纂的《荣德生先生大事年表》所记，他曾于1928年将所置成贤街部分地基，捐助中央大学扩建校舍。1953年12月19日，在荣德生逝世的次年，其子荣毅仁又将成贤街剩余地基全部捐给南京工学院。两次所捐地基，现为东南大学沙塘园校舍，包括杨廷宝设计、1957年奠基的东大沙塘园餐厅就在其内。

国立中央研究院

中央研究院的发端，是1924年孙中山赴北京共商国是之时，为立"革命建设之基础"，筹设全国最高学术研究机关——中央学术院，汪精卫、杨杏佛、黄昌穀受命起草计划。1927年4月17日，蒋介石为酬答蔡元培、李石曾、张静江、吴稚晖等国民党元老的政治支持，在其把持的国民党中央政治会议上接受李石曾提议，决定设立中央研究院。5月9日，中央政治会议议决成立中央研究院筹备处，蔡元培等元老为筹备委员。10月大学院成立后，中央研究院为其附属机关。11月20日，中央研究院筹备会及各专门委员会联合成立大会召开，通过研究院组织条例，规定"本院受中华民国大学院之委托，实行科学研究，并指导、联络、奖励全国研究事业，以谋科学之进步，人类之文明"，以蔡元培为院长，先行筹设理化实业研究所、社会科学研究所、地质研究所与观象台。

筹备期间，中央研究院没有独立办公地址，暂设于成贤街的大学院内。研究院下属4个研究机构，除了3个研究所设于上海，仅观象台拟设于紫金山。1927年10月，国民政府教育行政委员会负责观象授时的时政委员会已先改为中央研究院观象台筹备处，办公室即由门帘桥沙塘湾（今太平南路附近）原教育行政委员会旧址迁至成贤街10号大学院西花园的三间小屋。观象台下有天文、气象二组（1928年2月改为天文研究所和气象研究所）。竺可桢负责气象组，就在大学院的花园里设立气象台，1928年元旦零时起开始对南京地区开展昼夜不停每小时一次的地面气象观测，后因空间逼仄，不利观测，于6月初先后改借成贤街56号、梅庵测候。筹备处主任高鲁原先为方便观测城内气候，于鼓楼公园内建成测候所，因竺可桢已选定北极阁为所址建设气象台，只好把他自己负责的天文组由成贤街迁入鼓楼测候所。天文组迁出前，曾在成贤街10号召开过中国天文学会第五届年会。

　　1928年4月10日，国民政府设立国立中央研究院，不再附属于大学院，特任大学院院长蔡元培兼院长。蔡元培以其大学院最得力的副手杨杏佛为秘书长。6月9日，中央研究院在上海一酒楼召开第一次院务会议，正式宣告成立研究院。10月6日，国民政府批准蔡元培、杨杏佛辞去大学院正、副院长，二人遂专心办理中研院事务，在教育理想失败后致力争取学术研究不为政治干涉。11月，研究院总办事处成立，下设文书处、会计处、庶务处、出版品国际交换处（位于上海）等，负责全院行政事务，总干事长为杨杏佛。其址设于成贤街57号原法制局旧址，并添购58号平房补充。蔡元培办公室及宿舍就位于成贤街58号，另外成贤街56号为研究院招待所。1931年8月，在成贤街建成

中央研究院位于成贤街的西式办公楼

1930年7月，中央研究院第一届院务年会合影

办公新屋，为西式二层楼房。其出版物经售处设在对面的成贤街14号。

中研院成立后，即取代了同在成贤街一带的中国科学社，成为中国科学界在国际上的代表机构。

中国科学社为任鸿隽等9名留美学生1914年在美国发起创办，是中国近现代史上成立最早、规模最大、持续时间最久的科学社团。1918年该社迁回中国时，社址没有选择当时的首都北京而是选择了南京，很重要的原因是南京有重视科学的南高师等一批院校，社内骨干郭秉文在其主政的南高师校园内（一字楼对面的平房）曾给经费困难的科学社临时安排了办公场所，1920年在社董张謇的斡旋下获得成贤街文德里的官产洋楼为正式社所。对比北京，任鸿隽曾回复在北大的胡适："还有一件使我疑惑的事，你们尽管收罗文学、哲学的人才，那科学方面（物理、化学、生物学等）却不见有扩充的影响，难道大学的宗旨，还是有了精致的玄谈和火荼的文学，就算了事么？"中国科学社不仅对中国科学事业发展作出巨大贡献，其成员也是筹备中研院的主力。据统计，科学社社员在40名筹备委员中占了35名，15个研究所所长占了13人。该社9位创始人中，杨杏佛是首任总干事，任鸿隽为第四任总干事（代理不计），周仁创建了工程研究所，秉志参与创建了自然历史博物馆，赵元任创建了历史语言研究所的语言组。为报答中国科学社的鼎力之助，蔡、杨多方奔走，于1930年10月协助中国科学社在上海亚培尔路建成三层高的总部大楼——明复图书馆。

中央研究院成立之初，大部分研究机构散处于上海、北京、广州等处，社会科学所部分组在南京平仓

1929年，中央研究院自然历史博物馆

1929年，中央研究院自然历史博物馆动物园

1929年，中央研究院自然历史博物馆标本陈列室

巷（1932年1月迁鸡鸣寺路一号新楼），天文、气象两所也很快迁离成贤街，长期设址于此的只有自然历史博物馆。1929年1月，中央研究院成立该馆筹备处，购得面积9亩余的成贤街46号（后改68号）为馆址。至6月，将旧有部分民房改建为博物馆办事处及陈列所，其余6间平房用于剥制标本、安置员工及储藏物品等。下半年，又兴建两层洋房1所，用于办公和陈列标本。11月1日对外开放，当月就有4916人参观。1930年

1月，博物馆正式成立，钱天鹤为主任，有生物部、标本部，下分动物、植物两组。生物部饲养有骆驼、猿猴、豹、虎、鹿、野鸡、鹰等动物。1932年6月，在原洋房北侧又建成两层洋房1所，建筑面积6000平方英尺。至此，总计全馆有洋房2所、平房19间、动物房26间，与附近文德里的秉志所创中国科学社生物所遥相呼应，成贤街一带成为中国领先的生物学研究与展示中心。1931年美国费城自然博物馆派布鲁克·杜兰（B.Dolan）率考察队到中国西南收集动物标本，其队员德国柏林博物馆的舍费尔（E.Schaefer）在四川穆坪、汶川一带获得三只大熊猫（时又称白熊）标本。自然历史博物馆获赠一只，成为最早拥有和展示大熊猫标本的国内场馆。市民对自然历史博物馆极有兴趣，仅1932年4月重新开放（1931年大水被淹闭馆）后3个月内参观人数突破11万，日均1250人。动物房是吸引市民的一大亮点，有猴园、兽房各7间，鸟房2间，大概是当时除了玄武湖动物园之外的全市第二家动物园了，且位于城内，交通更方便。嗣因中央研究院与教育部共同在中山门附近筹设中央博物院，1934年7月1日自然历史博物馆取消展览功能，改为动植物研究所，仍分动物、植物两组，所长王家楫，大部分动物标本也移交博物院。1937年南京沦陷前夕，动植物所西迁，大部分植物标本和诸多动物标本无法随迁，包括深藏于夹墙地下的珍贵标本，被日本人劫运至上海。

由于中研院机构分散，不利于管理，蔡元培希望主要集中于南京和上海两地，南京为本部行政机关及部分研究所所在地，物理、化学、工程等所则设于工业较发达的上海，并于1929年1月3日首次呈请国民政府划拨清凉山一带作为集中办公的院址。但蒋介石对蔡元培坚辞大学院院长、代理司法部长、监察院院长等职极为恼怒，不同意蔡之所请，以1930年1月22日中央政治会议做出决议："中央研究院在上海之各研究所，应移至南京，所有在沪一切建筑，即日停止，其所有已着手之各项设备，限本年四月以前一律移至南京。"当年5月中研院驻沪办事处被迫撤销。由于财政部的建设经费始终不能到位，清凉山院址征地拆迁无法开展。中研院不得已，转而在钦天山（今北极阁）东麓鸡鸣寺路一号营建办公建筑群。从1931年至1935年，由杨廷宝规划设计，陆续建成三座主要楼馆。

1932年9月，李四光为所长的地质研究所由上海迁到南京，暂设成贤街本部办公，1933年秋迁入鸡鸣寺路的自建新址。1934年6月心理研究所由北平，10月历史语言研究所由上海，分别迁南京鸡鸣寺路。1935年11月25日，总办事处离开成贤街，迁入鸡鸣寺路坐北朝南的主楼。在北平的社科所（所长陶孟和）也同期全部迁总办事处原址（1932年1月曾由上海迁南京鸡鸣寺路，1934年4月一度又迁北平，遗留所址交心理所）。中研院总办事处与大部分研究所集中于北极阁，与成贤街仅隔一条市内小铁路，总办事处旧址旋即售于筹建中的中央图书馆，成贤街只保留了动植物所、社科所。不过，由于鸡鸣寺路一带空地有限，上海的理、化、工程三所仍维持不变。

中研院总办事处还在成贤街时，其总干事杨杏佛因积极参与人权运动，并披露苏区真相，呼吁统一抗日，为蒋介石所忌。1933年6月18日，戴笠组织特务将其暗杀。蔡元培痛失臂膀，参加公祭时亲致祭词："中央研究院之得有今日，先生之力居多。今先生以勇于任事、努力服务之人，而死于非命，同人等之哀悼为何如！人孰不死，所幸者先生之事业，先生之精神，

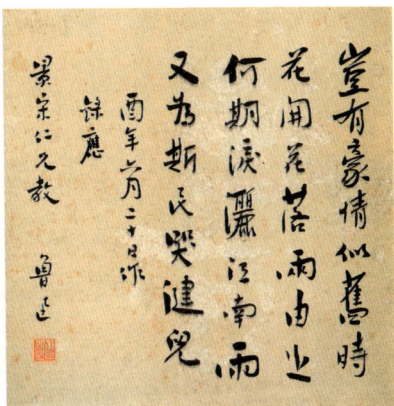

杨杏佛　　　　　　鲁迅手书悼杨杏佛诗

永留人间。"1936年，中研院特设"杨铨（铨为本名，杏佛为其号）奖金"，以奖励人文科学研究成果。

抗战胜利以后，动植物所分拆为动物所和植物所，未返成贤街原址，改迁上海。成贤街遂无中央研究院办公场所，仅余仍属植物所的成贤街68号宿舍群（1949年编《南京调查资料》），包括中式平房9幢，西式楼房2幢、平房3幢。

1948年12月，中央研究院院长朱家骅奉命开始动员迁台。但81名院士中，最终有50余人坚持留在南京和上海，参加建设新中国，真正赴台的只有7人，流落海外的还有12人，较完整迁走的机构仅有总办事处、数学研究所、历史语言研究所，其余各所都被1949年11月成立的中国科学院陆续接收。

中研院从草创到总办事处离开成贤街，仅有短短的7年，但在蔡元培、杨杏佛等人于国民党政治干涉、财政支绌的夹缝中，筚路蓝缕，白手起家，统合自然科学与人文社会科学，成为名副其实的国家最高学术研究机构，建立了一套相对完整、富有成效的科研管理和组织体系，拓展了中国科研的诸多重要领域，为国家科研事业的发展起到了开创性、引领性的作用，取得卓著声誉，被时人视为"学府之灯"。

蔡元培的领导之力功不可没，黄炎培在他1940年逝世后有中肯评价："国民政府即立，先生舍政而学，一意致身于全国学术之倡导，将以培立国之大本，树国人向学之声。未几先生老且病，以迄于长逝。然学术空气之渐趋浓厚则实先生之赐也。"

国立中央图书馆

1912年3月，蔡元培任总长的南京临时政府教育部发表《筹设中央图书馆收买古籍启事》。旋因袁世凯在北京就任临时大总统，南京的筹建计划胎死腹中。

1928年5月，已任南京国民政府大学院院长的蔡元培在成贤街的中央大学主持召开持续14天的全国教育会议。会上，安徽省教育厅韩安首提筹设国立中央图书馆案，商务印书馆附设上海东方图书馆馆长王云五、南京特别市教育局等也有类似议案，经大会表决通过《筹设国立中央图书馆之决议》。会议宣言还表示："为各地方图书馆的示范，并为全国最高学术文化的库藏，就要有中央图书馆的设立。我们希望在最短期间，首都的中央图书馆，得开始筹备。"1929年1月28日，中华图书馆协会第一次年会在南京召开，也决议呈请教育部尽快筹办国立中央图书馆。

1932年10月，教育部部长朱家骅兼任交通部部长和中英庚款董事会董事长，打算参考以中美庚款办北平图书馆的先例，将"中英庚款的钱要来办一个中央图书馆"。当时英国退还的庚款主要用于投资基础设施建设，利息收入用于补助文教事业。据《中央庚款息金标准》，补助款分五类，建设中央图书馆和中央博物院列为最重要的甲类，占息金总额的25%。恰好他此前推荐赴德国柏林大学图书馆学院读书并考察欧陆图书馆事业的蒋复璁毕业归国，原拟参加筹建浙江图书馆，但浙图已经建成一年，遂为朱家骅留在南京。1933年1月，蒋复璁被任命为中央图书馆筹备委员。4月8日，奉教育部令出任图书馆筹备处主任。筹备处下设总务和图书两个组，总务组掌文书、会计、庶务等事宜，图书组掌采访、编目、登记、纂辑、庋藏、阅览等事宜。4月21日，筹备处租用成贤街旁沙塘园7号新盖民房为办公处。教育部拨存的清朝学部档案保管处所存中文书46000余册、满文书500余册及殿试策卷1000余册，成为首批藏书，其中善本书寥寥无几。

当时国家财政困窘，又是草创之际，开办费不过4.8万元，每月拨助筹备费仅区区2000元。5月8日，朱家骅卸任教育部长一职，由武汉大学校长王世杰继

朱家骅　　　　　　　　　蒋复璁

任。但5月30日，朱家骅仍通过中英庚款董事会，决定分年拨给息金150万元用于中央图书馆的建筑设备费，其中第一年就拨付了15万元，实为日常经费的主要来源。虽为国立图书馆，但起步之艰可以想见。

　　一无积累二无资金，如何搜罗图书丰富库藏，蒋复璁确定了"首重交换"的方针，当然交换也要有书可换，筹备处只有代管的国学书局有部分原存书版可资印刷交换，面对大量的西文书实在杯水车薪。1933年3月，日军侵占热河，震动北平，大批珍贵故宫文物南迁上海，在其滞留浦口之际，教育部先是呈请行政院将其中的文渊阁《四库全书》拨交中央图书馆保管未成，随后蒋复璁又向朱家骅提议影印文渊阁《四库全书》以保存古籍和开展国际交换，解决昂贵的西文书收藏难题。商务印书馆曾于1917至1925年四次筹划影印《四库全书》不果，蒋复璁4月赴上海与之接洽，6月获教育部委托与该馆订立影印《四库全书》未刊珍本合同。消息传出，引发巨大争议，为何不全印，选印持何标准，底本和库本如何选，南北学界激烈辩论，保存单位故宫博物院也对事先不知情颇为不满。最终王世杰主持的教育部出面，组织吸纳南北代表的委员会确定选刊目录，并尊重故宫博物院所有权，由其监督开箱和摄影。从1933年11月开始影印，至1935年分四次印成《四库全书珍本初集》1500部，每部1960册，收入珍本231种。蒋复璁的筹备处得赠十分之

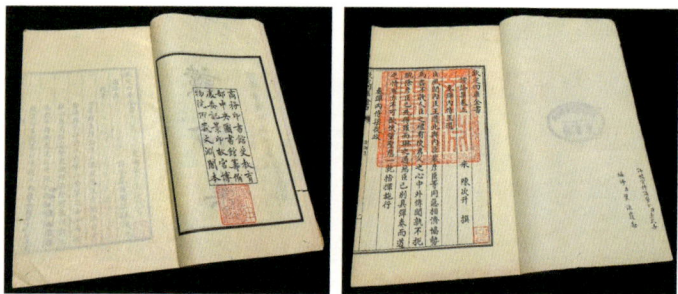

民国商务印书馆受中央图书馆委托影印的《四库全书珍本初集》一种

一即150部，其中提存100部用于国际交换。蒋复璁晚年回忆称，这是"一个最好的纪念性事件"，"这部书奠定了初期中央图书馆西文参考书的基础"。

中国早在1886年就加入了国际交换出版品公约。但到1925年9月，北京政府始成立出版品国际交换局，旋因政治纷扰，未能履行应尽的交换义务。1928年10月，中央研究院成立后，专设出版品国际交换处。但实践中，中央研究院并非专门的藏书机构，办理国际出版品交换业务难以胜任。1934年，新任中央研究院总干事丁文江精简机构，中央图书馆筹备处名正言顺地接办了出版品国际交换处业务，理顺了国际交换的渠道，与许多国外重要机构建立了交换关系。

随着藏书不断扩大，中央图书馆筹备处又添租成贤街双井巷民房用于办公。1935年，经与中央研究院协商同意，将其成贤街总办事处房地产（包括4幢两层西式楼房）折价8万元转让。1936年2月10日，筹备处正式迁入新址。9月1日，对外开放阅览室。

除了交换，蒋复璁还推动简化出版物呈缴中央图书馆的程序。原出版法规定，出版物送缴程序是先给各地教育局，再送中央，然后发交中央图书馆。烦琐

中央图书馆大门

中央图书馆阅览室

的环节极大阻碍了藏书扩大。1935年7月，蒋复璁代表教育部向行政院修改出版法审查会议提出直接送缴中央图书馆的方案。1937年7月15日，立法院颁布的《修正出版法》规定，出版品于发行时应由发行人依法呈缴中央图书馆一份，否则由内政部处以罚金。新规确保了中央图书馆获得便捷稳定的藏书来源。

　　1937年，中央图书馆筹备处藏书已达40万册，成贤街馆舍不敷使用，戴季陶、朱家骅、梁思成等组成的国立中央图书馆建筑委员会勘定国府路（今长江路）土地46亩为基地，由管理中英庚款董事会拨助建筑费150万元建设新馆。旋因全面抗日战争暂停。

　　同年8月，因日机空袭，被迫辗转内迁。期间因川江运输失慎和重庆大轰炸，损失过半，仅余18万册。后筹备处争取教育部同意，利用部拨200万元经费和中英庚款董事会补助的120万元建筑余款，积极赴上海、香港搜购因战争流散的善本古籍48000多册、普通线装书11000多册。1940年8月1日，国立中央图书馆结束筹备，在重庆正式挂牌开馆。

抗战胜利后，蒋复璁负责接收京沪沦陷区教育事宜，接收了汉奸陈群在南京的泽存书库约40万册图书和在上海、苏州的善本书籍，还接收了上海东亚同文书院图书馆、上海日本近代科学图书馆、南京伪中央图书馆等日伪机关图书，合计101万册。1946年5月，中央图书馆迁回南京成贤街旧址。同时从重庆运回所存善本及抗战大后方所出书籍5.1万册。此外，还有抗战初期运美国保存的善本、抗战期间从沪港收购的善本和普通书籍、日本在港劫运的本馆所购藏书约十五六万册。由于接收藏书很多，遂由刘敦桢设计，于1946年9月至1947年4月在成贤街建成钢筋混凝土的三层阅览大楼1座。这样，成贤街48号的中央图书馆本部，总计有西式楼房5幢、平房4幢，中式平房2幢；另在颐和路2号泽存书库旧址设有北城阅览处。至1948年冬，国立中央图书馆拥有藏书达120万册以上，成为中国当时也是有史以来最大的图书馆。

1948年12月至1949年1月，根据国民政府教育部命令，中央图书馆将善本古籍12.13万册、金石拓本5600余片、书画11箱，以及其他甲骨残片、汉简、写本经卷等珍贵文物，用兵舰运抵台湾（后建成台北中央图书馆）。1949年南京解放后，南京市军管会接管时，中央图书馆尚有一般图书和普通古籍112.2万册。1950年3月19日，中央图书馆正式更名南京图书馆，贺昌群任馆长。由于善本古籍皆被劫运台湾，1952年10月1日江苏省立国学图书馆正式并入南图，以补充特藏。至1988年，南图藏书达到631万册，仅次于北京图书馆和上海图书馆，也远远超过了同期藏书80余万册的台北中央图书馆总馆。2006年11月南京图书馆新馆在大行宫建成开放，成贤街老馆遂成历史。

民国大学院（教育部）

1927年5月，蔡元培与李石曾、褚民谊被推举为南京国民政府教育行政委员会常务委员。6月，一直倡导"教育独立"的蔡元培采纳李石曾建议，在中政会先后提出："亦仿法国制度，以大学区为教育行政之单位"，取代教育厅；组织大学院为全国最高教育行政机关，代替教育部。这一革命性建议被采纳了。

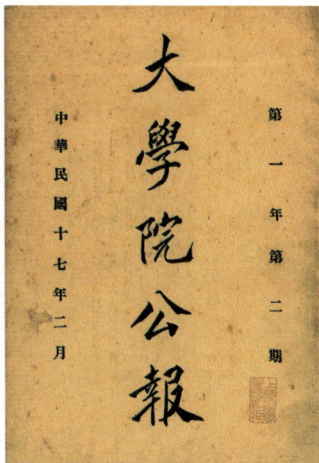

蔡元培　　　　　　　　《大学院公报》

　　蔡元培后来以《大学院公报》发刊词解释了设立大学院的初衷："顾十余年来，教育部处北京腐败空气之中，受其他各部之熏染；长部者又时有不知教育为何物也，而专鹜营私植党之人；声应气求，积渐腐化，遂使教育部名词与腐败官僚亦为密切之联想。此国民政府所以舍教育部之名，而以大学院命管理学术教育之机关也。"

　　7月4日，国民政府公布《大学院组织法》。大学院为全国最高学术教育机关，直接隶属国民政府，地位崇高。设院长一人总理全院事务，曾任中华民国临时政府教育总长、北京大学校长的蔡元培成为当之无愧的首任院长。他创建民国第一个教育部时，选择的部机关办公地点就在成贤街南边的碑亭巷。这次他又授命组织大学院，最初打算选择今朝天宫的清末江宁府学旧址（时属南京市教育局），因现状破败不堪无法使用而放弃。恰好国民党中央党部从成贤街10号办公楼搬迁至丁家桥，蔡元培立刻锁定该处房舍。

　　这个中央党部是国民党中央执行委员会常委会主席蒋介石联合部分中央执行委员、监察委员在南京自行设立的，与武汉的中央执行委员会、和西山会议派在上海设立的中央执行委员会三家并立。据国民党中央通讯社首任社长尹述贤回忆，中央党部是1927年4月8日从铁汤池迁到成贤街的，他时任宣传部出版科主任，不久负责在此筹建中央通讯社。据查《时事新报》《申报》等，4月中央党部胡汉民负责的宣传部先迁成贤街，以后各部陆续再迁。4月15日，国民党中央执监委员举行谈话会，决议取消武汉国民党中央党部，成立南京国民党中央政治委员会和军事委员会；建都南京，成立国民政府；取消武汉国民政府；取消跨党分子党籍等。4月18日，南京国民政府在丁家桥原省议会旧址举行成立典礼，蔡元培代表中央党部向代表国民政府的胡汉民授印，正式与武汉政府对立。

9月宁、沪、汉三方反动派决定合流，宁汉双方的中央执监委员在成贤街党部开临时会，沪方中央执监委员在中山陵开临时会，决议完成全党统一，并将中央执监委中的共产党籍委员谭平山、吴玉章、毛泽东等予以"除名"，左派的邓演达等以"附逆有据"开除党籍。9月16日，在南京成立国民党中央特别委员会，代行中央执监会职权，改组中央党部、国民政府，结束了4月以来国民党三个中央党部、两个中央政府同时并存的局面。9月20日，中央党部从成贤街10号迁至丁家桥，国民政府从丁家桥迁至今长江路。中央党部在成贤街时间很短，但稳固了国民党在南京建立的反动统治，新民主主义革命加速进入新的阶段。

10月1日，大学院正式在成贤街10号成立。后增设副院长1人，参事有2至4人，初设秘书、总务、行政3处。1928年4月，改设秘书、高等教育、普通教育、社会教育、文化事业5处。当然，蔡元培的设想是，除了这些行政部门，大学院主要还是"研究的机关，如中央研究院、美术院、音乐院等"，所以后来有了南京的中央研究院、杭州的国立艺术院。

大学院的组成人员完全体现了"教育独立"的初衷，尽量使用有声望、懂专业的教育界人士，部门负责人以上均为留学归国人员，而且基本都有从事教育的资深经历，时称"集一时学政界之秀"。副院长兼行政处处长杨杏佛（美国哈佛大学商学硕士）曾任南高师商科主任、东大工学院院长，首任秘书长金曾澄（日本广岛高等师范学校毕业）曾任广东高等师范学校校长，第二任秘书长兼参事许寿裳（日本东京高等师范学校史地科毕业）曾任北京女子高等师范学校校长、中山大学教授，高等教育处处长张奚若（美国哥伦比亚大学政治学硕士）曾任北京政府教育部国际出版物交换局局长，普通教育处处长朱经农（美国华盛顿大学教育学硕士）曾任北京大学教授、光华大学教务长，社会教育处处长陈剑修（英国伦敦大学心理学硕士）曾任北京大学教授、南京市政府教育局局长，文化事业处处长钱端升（美国哈佛大学哲学博士）曾任清华大学教授。只有年已61岁的总务处处长孙揆钧没有教育界经历，但他是清末举人，任过内阁中书、军机章京，后与吴稚晖一同留学日本东京高等师范学校宏文学院，因孙吴二人领导学生反对公使蔡钧，一并被驱逐出境，伴送他们回国的就是蔡元培。在大学院任职诸人中，杨杏佛作为蔡的副手，尽心尽责贡献很大，蔡元培曾有说明："我在大学院的时候，请杨君杏佛相助。我素来宽容而迂缓，杨君精悍而机警，正可以他之长补我之短。"

蔡元培是同盟会和国民党的元老，也是教育界的领袖人物，既有权力，又有抱负和理想，原本希望让中国的教育事业变革一新，但因与国民党党化教育的原则冲突，加上政治斗争的无情干预，过于激进的政

蒋梦麟

策设计，使其教育独立的理想遭遇沉重的打击。由于所需经费庞大，事权难以统一，各地学校落实阻力又大，教育界对大学院也怨声载道。1928年2月，教育行政委员会委员经亨颐等率先发难，在国民党四中全会上提出设立教育部案，反对大学院制度。蔡元培不得已，4次调整大学院组织法，收缩权限，仍无法顺利推进，8月17日提出辞职，并离宁赴沪。经反复慰留，国民政府于10月6日批准辞职，蒋梦麟继任院长。10月23日，大学院裁撤，恢复教育部，隶属行政院。1929年6月，大学区制的试行也被国民党三届二中全会决定停止。

大学院虽然成立时间不长，但还是做了几件意义重大的工作：废除春秋祀孔典礼、通令小学教学一律用语体文（白话文）、设中央研究院作为全国最高科学研究机关、各大学区设研究院作为地方研究机构、举办全国教育会议并通令各地设立义务教育委员会、推行戊辰学制等。

教育部成立后，办公地址仍在成贤街。蒋梦麟、李书华、朱家骅先后担任过教育部长，颁布了《大学组织法》《中学法》《师范学校法》《职业学校法》一系列教育法规，促进了教育事业的发展。同时，通过施行训育制度、童子军制度等，加强对学校和学生的控制。由于部址空间局促，缺乏礼堂，人员拥挤，更有大量图书无处陈列，1929年冬因添设蒙疆教育司，遂征收大纱帽巷42号万国棠宅后空地1亩余，新建西式楼房。

国民政府教育部照壁侧门

1937年，教育部随国民政府内迁。南京沦陷后，伪政权维新政府设"外交部"于此。汪伪政府时期，这里先后为伪工商部、伪实业部驻地。抗战胜利后，教育部重返成贤街51号原址（原编为10号），拥有西式楼房7幢、中式平房15幢，其对面还有文化事业委员会、汽车间的西式楼房2幢、平房1幢，职员宿舍则在成贤街成贤里（邻近四牌楼路口）。现在的教育部旧址建筑群，始建于20世纪20年代，原建筑大部分被拆，仅存立柱式大门、教育部部长办公楼及几株雪松、龙柏等。其中部长楼建于20世纪30年代，原为两层，70年代加建一层。

1948年7月，教育部在成贤街双井巷15号建成附带荷花池的三幢中式传统风格馆舍，正式成立1945年开始筹建的国立边疆文化教育馆，馆长为中央大学边政系教授凌纯声。主要负责掌理边疆文化教育之研究及发展事宜，编译边疆文化辞书、教材及民众读物，翻译边疆文字及有关边疆问题的外文著作等。下设研究、编译、文物三组，并附设有专事印刷蒙、藏、维文资料的边文印刷厂。该馆调查、搜集并陈列了大量边疆文物及有关资料。

成贤街的红色印记

　　成贤街的红色文化在南京诸多街巷中有着非同寻常的突出地位，其历史脉络贯穿整个南京人民革命史，而且影响远远超出南京本地。

　　早在新民主主义革命初期，南京就是一座有重要影响的城市，在传播马克思主义方面走在了全国前列。在成贤街南边不远大仓园（今碑亭巷一带）的河海工程专门学校，成贤街的南京高等师范学校（东南大学），是当时积极宣传马克思主义的重镇，前者代

杨贤江

127

表有张闻天、沈泽民，后者代表有杨贤江、杨杏佛。

由于会员较多，1919年11月1日李大钊等发起的少年中国学会成立了南京分会。南高师职员杨贤江担任会长，沈泽民、张闻天均为会员。由于杨贤江的积极作用，南高师（东大）不仅成为少中学会的活动中心，也成为南京马克思主义传播中心。1920年春夏，杨贤江秘密成立马克思主义研究小组，并组织社会调查，在《新青年》以及上海共产主义小组办的《劳动界》等刊物上发表了一批有关南京的调查报告。分会刊物《少年世界》及受其影响由南高师进步学生创办的《少年社会》均刊载过介绍苏俄、国际工人运动情况或马克思主义的文章。随着南京分会影响的不断扩大，1921年7月少年中国学会第二届年会就在东南大学梅庵召开，到1924年连总会也迁往南京。1921年、1925年少中学会在南京的两次年会还对是否确立社会主义方向展开激辩，会中邓中夏、恽代英、高君宇、沈泽民等一批先进知识分子坚定选择了共产主义革命道路。

南高师著名教授、国民党左派杨杏佛在宣传马克思主义方面更具社会影响力，先后发表《马克思主义和阶级斗争》《论马克思的剩余价值》等论文。他还受校内马克思主义研究小组之邀，针对南京机织工人为"饭碗问题"捣毁省议会的事件，作了《教育与劳动问题》的演讲，号召青年"要像马克思那样，养成牺牲的精神，为人类谋幸福"。这种结合实际的宣传影响了大批青年，东南大学进步学生很快公开成立马克思学说研究会，许多人通过学习走上革命道路。其中1920级学生谢远定仅1923年到1924年间就在《向导》周报等中共党团刊物上发表了诗文数十篇。

1922年5月5日，马克思诞辰日，南高师学生吴肃、侯曜等在梅庵召开大会，成立了南京社会主义青年团地方委员会，成为全国15个地方团组织之一。会后，全体团员请杨杏佛在玄武湖讲马克思传。同年秋，在中共中央委员邓中夏和共青团中央的领导下，吴肃领导南京团组织在东南大学发起成立了民权运动大同盟，并组织万人游行示威，公开发表南京民权运动宣言《民权运动之呼声》。

1923年，日本水兵在长沙枪杀中国平民，制造"六一惨案"，协助陈独秀处理日常工作的中共中央政治局秘书、长沙社青团负责人毛泽东正负责筹备青年团二大，被迫另择会址。因很多团代表在苏浙沪工作，团中央的邓中夏、恽代英、刘仁静皆是少中学会会员，东南大学又是少中学会大本营和风生水起的南京团组织所在地，逐确定8月21日至25日利用暑假在东大召开团二大。瞿秋白受少共国际代表马林委托出席大会，青年团中央代表施存统、贺昌，少共国际第三次代表大会代表刘仁静，中共中央代表毛泽东以及各地方青年团代表30余人参会。

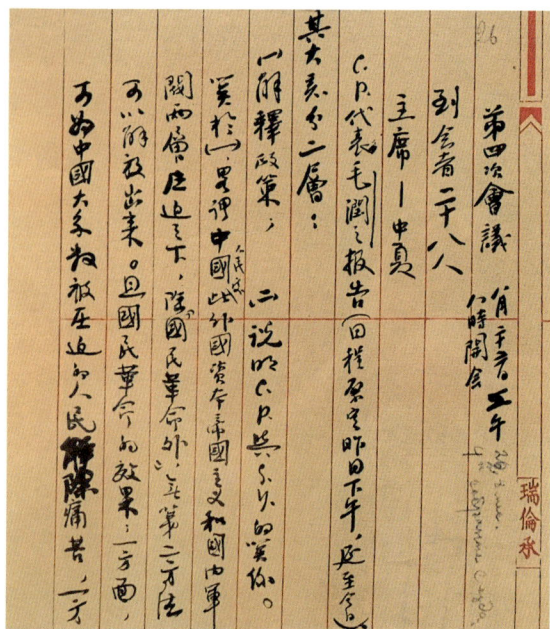

毛泽东代表中共中央在团二大作报告的会议记录

　　会议重点讨论了党团关系，并坚决接受中共三大确定的统一战线方针，为开展第一次国共合作统一了思想，决定团员和党员一样，以个人身份加入国民党，标志着国共合作的统战工作进入实质性阶段。

　　经大会选举和递补，新一届中央执行委员会由邓中夏、刘仁静、夏曦、卜世畸、林育南、李少白、恽代英等7人组成，刘仁静为委员长。雨花英烈代表人物恽代英从此成为早期青年运动领导人之一，按照分工负责创办团中央机关刊《中国青年》。该刊物是我国现存创刊最早的红色主流期刊，在1923年至1927年发行了168期240多万字，是当时发行量最大的革命刊物，影响了一代青年。

　　团二大的召开还让一位逃亡南京的青年团员重新找到方向。当时，代表江西团组织来宁参会的赵醒侬遇到了在东南大学作旁听生的方志敏。方志敏是江西团组织的第一发起人，1923年4月中旬为躲避军阀追捕，辗转南京，通过在南高师深造的原弋阳高小教师叶青，暂住成贤街文昌阁。4月23日，他还创作了《我的心》《同情心》，哀叹青年的无助，揭露剥削阶级的残暴，被《民国日报》"觉悟"副刊发表。团二大召开后，赵向方志敏通报了会议情况，二人开始在南京筹划编辑出版江西团组织新的机关刊《新江西半月刊》，并积极组织稿源。10月1日刊物在上海发行，方志敏也于9月返回南昌，参加团组织工作。

谢远定　　　　　　　方志敏

　　1923年10月11日，中共上海地方兼区执行委员会通过决议，将南京5名党员编为第六小组（又称南京党小组），成为南京城内第一个党小组，团二大代表、南京团地委委员长、南高师谢远定为组长。

　　1923年12月，机关设在东南大学的中共南京地方执行委员会成立，合并南京和浦口党小组，谢远定任负责人。次年4月，上海区执委改组，南京成为继北京、上海、武汉、广州、济南之后又一个党组织直属中共中央的城市。南京早期党团组织先后领导组建了南京社会科学研究会等几十个社会团体，进一步扩大了马克思主义和反帝反封建革命主张的宣传。

从传播马克思主义，到召开团二大，再到成立市级中共党团组织，成贤街堪称南京革命的摇篮。

1923年底，南京的中共党员、青年团员全部以个人名义加入了国民党。此后，南京的国民党组织迅猛发展，国民党员成倍增加。东大也建立了中共党团组织，到1927年1月东大支部人数达到15人，在南京地委15个支部中被称为"发展最快，工作最优"。1927年3月，北伐军光复南京时，城内的共产党员和国民党左派密切合作，有力支援了前线战斗。3月14日，据守南京的张宗昌、褚玉璞直鲁联军因东大浴室发生炸弹爆炸事件，对国共组织活跃的东大层层包围大肆搜捕，在成贤街东大第二宿舍抓捕了农艺系学生、国民党南京市第一区党部第二区分部执行委员成律和政治经济系学生、共青团南京地委城北支部的吴光田等。成、吴二人坚贞不屈，于3月17日在小营陆军监狱以"赤化党"的罪名被斩决，成为雨花英烈中第一批就义学生，也是最早在南京牺牲的国民党左派和共青团员。

1929年11月3日，国立中央大学在六朝松下建造了成律、吴光田烈士纪念碑。

1927年3月24日南京光复后，蒋介石为在南京建立反革命政权，以嫡系的何应钦部换防坚持国共合作的江右军，任命亲信温建刚为南京市公安局局长、杨虎为津浦铁路南段特务长，全面控制了南京的军事、公安和交通。还安排安清帮首领陈葆元组织反动纠察队，与国民党右派党组织，捣毁市总工会，绑架了国民党左派省市党部30余人，武力镇压为此示威游行的群众。4月10日深夜11时，中共南京地委在成贤街旁的联络点大纱帽巷10号紧急召开扩大会议，研究应变举措，准备发动全市的罢工、罢课、罢市。因事机不

侯绍裘

密，次日凌晨2时，公安局侦缉队突然包围会场，除了国民党南京市党部负责人、中共南京地委委员刘少猷翻墙脱险，国民党江苏省党部常委、省政府筹备负责人暨中共党团书记侯绍裘，中共南京地委书记谢文锦，国民党江苏省党部执行委员兼工人部长、秘书长刘重民，国民党江苏省党部执行委员兼妇女部长张应春，国民党江苏省党部委员兼青年部长许金元，市总工会总务主任兼秘书主任文化震，中共南京地委妇女委员、国民党市党部妇女部长陈君起，市总工会执行委员钟天樾、梁永，国民革命军第六军军官谢曦等10名中共党员均被逮捕，关押至珠宝廊看守所。蒋介石以"江苏省主席"一职诱降侯绍裘被严词拒绝，其他人也都英勇不屈。两三天后，他们被秘密杀害并沉入通济门外九龙桥下的秦淮河中。值得一记的是，文化震、钟天樾、梁永分别于1922年、1924年、1925年入读东南大学（一说梁永1925年入读南京五卅公学）。另外，同月牺牲的南京市总工会工人纠察队总指挥、中共党员程镛之是1926年考入东南大学体育系的学生。这是中共南京地下党组织首次遭到大破坏。

1927年4月以后，中共南京地委重建，第四中山大学（原东南大学）成立了大革命失败后的第一个党支部，法学院学生王崇典任书记。12月，中共南京第一次党代表大会召开，选举市委委员17名，其中来自第四中山大学和原东南大学学生就有王崇典、宋震寰（新中国成立后曾任上海市副市长）等4人。会后，物理系学生齐国庆继任校党支部书记。宋震寰负责农运，赴浦口九袱洲发展党员，成立了南京地区第一个农村党支部。1928年红五月期间，南京大中学校上街宣传抗议日军制造济南五三惨案，江苏大学（原第四中山大学）还召开了反日出兵大会。南京卫戍司令宣布戒严。5月7日，因叛徒出卖，王崇典、齐国庆等8名党员在成贤街54号第二宿舍被捕，江苏大学党支部被破坏。校长张乃燕曾应王、齐二生家属请求，致函特种刑事法庭请求从轻发落，未果。9月，王、齐等4名党员在雨花台就义。

1930年2月，中央大学数理系学生黄祥宾等根据中共南京市委的要求，响应鲁迅等在上海组织的"中国自由运动大同盟"，发起成立"南京自由运动大同盟"，并发展成员加入中共组织，成立中央大学党支部，黄任书记。该支部曾被市委表扬为模范党支部。整个20世纪三四十年代，中央大学支部屡次遭破坏，又屡次重建，一直是南京地下党组织的一面光辉旗帜。

曾中生

在白色恐怖最严重的时候，成贤街还曾经是南京地下市委的机关所在地。1930年5月，中共江苏省委任命王弼为南京市委书记。当时市委机关设在由国民政府审计院办事员、地下党员师集贤担保租赁的成贤街12号，平时由市委委员任雪涛、市委秘书兼北区区委书记谭籍安居住。7月，主持中共中央工作的李立三要求发动南京暴动，并派军委委员曾中生（时名曾钟圣）到南京指挥暴动。曾中生住址就在成贤街19号。不久南京市委书记李济平被捕遇害，曾中生接任市委书记。曹瑛奉命到南京任市委副书记，住在成贤街一家杂货铺后面的出租屋，靠着珍珠河边。当时敌人持续大搜捕，中大书记黄祥宾于8月7日在宿舍被捕，大纱帽巷宣传品油印点同日被搜查（傅琳伯、王厚生被捕），成贤街市委机关于8月10日被破坏（任雪涛、谭籍安被捕）。18日下午，他们与李济平等20名党员在雨花台英勇就义。9月，曾中生摆脱敌特盯梢，紧急撤离南京，以中央特派员身份转赴湖北领导鄂豫皖革命根据地，为其发展壮大作出重大贡献。从7月至11月，南京从32个党支部锐减到8个支部，牺牲党团员近百名。这是南京党组织的第六次大破坏。

1931年九一八事变后，中央大学成了首都学生抗日爱国运动的中心。9月22日，南京各大中学校罢课，上街宣传抗日，蒋介石到中央大学礼堂召开全体国民党员大会，妄言三个月收复失地。9月28日，中大学生冒雨列队赴国民党中央党部请愿，正在召开中央政治会议的蒋介石不敢出面。学生返程路过外交部，怒打了对请愿学生态度傲慢的外交部部长王正廷。9月底，南京各校联合成立"首都各校抗日救国会"，办公地在中央大学南高院对面，中央大学土木工程系学生、共产党员汪楚宝被推举为负责人。12月5日，北平南下示威团的学生经过成贤街浮桥时，突遭军警阻拦，逮捕学生185人，其余同学匆忙返回中央大学。中大学生冲到校长室，拿起校旗赴卫戍司令部请愿示威要求释放被捕学生，各地学生也陆续涌来南京要求抗日。中大校长朱家骅为此辞职。教育部恐慌之下，在中大贴出提前放寒假的布告。中大学生王枫等同学组成主席团，赴成贤街教育部质问，迫使其收回成命。

12月17日，各地在京学生一万人举行联合大示威，先到中央党部示威，在大门灯柱上用粉笔书写"打倒国民党""共产党万岁"的标语，并打毁大门所缀国民党党徽。示威队伍又去国民政府，路过珍珠桥国民党机关报中央日报社门口，因该报发表歪曲和污蔑学生救国运动的社论和新闻，学生要求其更正，遭拒绝后怒砸报社。此时大批军警手持刺刀排队向学生冲锋，当场打伤30余人，抓捕60余人。上海学生杨同恒被刺伤后落入珍珠河中，不幸牺牲，后被同学打捞，停灵于中大体育馆。这就是震惊全国的"一二·一七"珍珠桥惨案。

1932年"一·二八"淞沪抗战爆发，汪楚宝、王枫等又领导中大学生欢送十九路军留京部队开赴前线、赴行政院就解散救国会质问当局等。朱家骅改任教育部部长后，次长段锡朋就任中大校长，被学生赶走。2月，国民党当局通过甄别，开除和抓捕了一批中央大学学生，强行镇压了中大学生抗日救国运动。

南京党组织在反复遭受大破坏后，无锡教育家顾倬之子、曾就读中央大学物理系的顾衡于1933年受命担任中共南京特支书记。他斗争经验丰富，早年在东大附中学习时就参加过革命活动，面临只有几名党员的困难局面，很快在工人和国民党军事机关中迅速恢复和发展了党团组织，在学生和公教人员中发展了反帝自由大同盟、工程学会、工人读书班等外围组织。1934年初，特支恢复为南京市委，仍由顾衡负责。由于敌人残酷镇压，顾衡不断变换住址，仍无法摆脱追踪。同年8月9日，由于叛徒出卖，顾衡在中央大学对面沙塘园的出租屋内被捕。10日，他在成贤街无锡同乡会会所复习投考中央大学的妹妹顾清侣（时任共青团南京市委书记）也受牵连被捕，后营救出狱。12月4日，顾衡被杀害于雨花台。这是南京党组织第八次大破坏。此后至1937年夏，南京市级党组织一直空缺。

顾衡　　　　　　　王昆仑

　　1933年秘密入党的无锡籍国民政府立法委员王昆仑（后为全国政协副主席、民革中央主席）在其无锡同乡会的住址，与孙晓村（后为民建中央副主席、经济学家）、曹孟君（后为全国妇联书记处书记）、胡济邦（中央大学经济系学生，后为著名记者、外交家）、王枫（王昆仑的妹妹，中央大学社会学系毕业，后任民革中央常委）、勾适生（后为上海财经学院教授，统计学家）等5人发起组织南京读书会，继续宣传党的主张，扩大革命力量。其成员时有增减，核心的大约有20多人，著名者还包括狄超白（后为中科院学部委员、经济学家）、钱俊瑞（后任文化部副部长等，经济学家）、张锡昌（后为内务部党组成

141

1936年，王昆仑在成贤街寓所与救国会部分代表合影

员、经济学家）、吴茂荪（中央大学教育行政系毕业生、王昆仑妹夫，后为民革中央副主席）、孙克定（后为数学家，曾任紫金山天文台副台长）、华应申（后为近代出版家、三联书店的创始人之一）、季洪（后从事影业，为文化艺术家）、秦柳方（后为经济学家）、薛葆鼎（中央大学化工系学生，后为经济学家）以及顾衡的妹妹顾清侣、妹夫汪楚宝（后参与创办中国建筑学会和《建筑学报》）等。

　　成贤街的南京读书会在没有党组织的南京发挥了中流砥柱的作用。他们在中央文化工作委员会（即

"上海文委")的领导下，于1935年8月召开了无锡万方楼会议。此后，王昆仑重点转为做国民党上层和地方实力派工作，并积极营救大批中共地下党员和爱国民主人士。南京读书会成员则分别组织妇女、文化、职工、学生等各界救国会，落实党的抗日民族统一战线政策，在上海、南京推动抗日救国运动。同年12月，北平学生大规模游行，拉开一二·九运动的序幕。后文瀚、薛葆鼎等通过中大读书会串联全校，声援北平学生斗争。12月18日，中大联合南京中学等校学生组织南京学生请愿团，从中大操场出发赴中山北路的行政院游行，重燃压抑许久的抗日怒火。北平学生也受党组织派遣到中大礼堂演讲宣传。24日，中央大学学生抗日救国会成立，决定26日举行全体大中学生总示威。26日，国民党当局宣布戒严，前往中大集合的各校学生被堵截在成贤街南口。中大学生关闭校门，阻止宪兵入校。尽管当局实行高压统治，但在一二·九运动推动下，南京各界纷纷成立救国会。1936年8月，以中央大学读书会为主，南京学生界救国会（即"南京秘密学联"）正式成立，将许多断了关系的共青团员重新组织起来。

抗战胜利后，中央大学复员回宁。成贤街再次成为学生爱国运动的风暴中心。

首先爆发的是对美军暴行的愤怒抗议。1946年12月30日，中央大学系科代表大会在大礼堂举行，千余学生旁听，大会决议自元旦起罢课3天，2日举行抗议游行，并联络南京各大中学校一致行动。教育部长朱家骅饬令中大制止学生行动，在中大的国民党、三青团组织主导召开了第二次系科代表大会，搁置游行计划。1947年1月2日，金陵大学等高校组织千名学生到中大操场动员中大学生参加游行。当晚，受到鼓舞的中大学生再次组织系科代表大会，以绝对多数通过了次日游行的决议。1月3日，中大等3000多名学生举行抗议美军暴行暨要求美军立即撤退的大游行。这是自一二·九运动以来南京再次出现引发社会广泛响应的爱国斗争，打破了全面内战爆发后沉闷的政治空气。

1947年，国统区出现严重通胀的经济危机，群众斗争日趋活跃。中共中央上海分局酝酿在国民党首都发动大规模群众运动，经过春季各校学生自治会的竞选，共产党领导的进步力量已经很大程度上掌控了领导权。5月中旬，中央大学学生从要求增加副食费开始请愿和罢课斗争，还联合音乐院、剧专举行了4000人的饥饿请愿游行，成贤街的教育部被学生刷满标语。各校代表集会商讨组织南京学联，并决定5月20日国民参政会四届三次大会开幕日举行游行示威，通电全国各大学一起行动。国民党当局为阻止学生运动，5月18日紧急颁布了《戡乱时期维持社会秩序临时办法》，禁止10人以上的请愿和一切罢工、罢课、游行示威。20日，国民党当局在南京派军警包围各大高校，京沪

1947年5月中旬，学生们在教育部大院举行反饥饿请愿抗议

1947年5月15日学生们在教育部办公楼前举行反饥饿请愿抗议

苏杭16个专科以上学校代表和中大学生避开封锁，从中大西侧小门出发，前往鼓楼，迎接金陵大学被困学生，音乐院、药专等校部分学生冲出学校，以中大为主体的约6000多名学生在鼓楼汇合开始整队，举行"京沪苏杭区十六专科以上学校学生挽救教育危机联合大游行"。他们在珠江路口遭到国民党军警袭击，有19人重伤，104人轻伤，28人被捕。学生们仍然冲过封锁，行至国府路（今长江路）廊东街口又遇到骑兵、防护团、青年军、宪兵、机关枪队组成的5道封锁线，6个小时的僵持中，冒着狂风暴雨席地高歌、呼喊口号，市民争相慰问，学生越聚越多。最后学生游行主席团派代表与卫戍司令部交涉，在参政会秘书长斡旋下达成协议，学生队伍由碑亭巷折返中大。这就是震惊全国的"五二〇"惨案。反饥饿、反内战、反迫害运动迅速席卷全国，严重冲击了国民党反动统治。毛泽东在5月30日发表《蒋介石政府已处在全民的包围中》，认为"伟大的正义的学生运动和蒋介石反动政府之间的尖锐斗争"是继军事战线之后，中国境内对国民党反动派进行斗争的"第二条战线"。为纪念这一伟大斗争，1954年6月16日南京大学校务委员会决议，以5月20日为南京大学校庆日。

　　1948年5月，在五四运动29周年、五二〇运动一周年之际，中央大学学生积极参加红五月活动，开展以反独裁、反卖国、反迫害、反对美国扶持日本为中心的爱国民主运动。国民党当局也开始大规模传讯和搜捕进步学生，中共南京市委学委指示中大党总支等各校党组织发动学生成立营救会营救被捕同学。1949年1月，李宗仁代理总统，代理检察长杨兆龙经地下党反复工作，最终说服李宗仁释放政治犯，以表和谈诚意。为保存力量，南京市委组织中大等校暴露的党团员、进步群众撤退到解放区，后来他们大部分编入金陵支队，编写《南京概况》，参与城市接管工作。

1949年1月14日，中共发表声明，提出了和平谈判的八项条件。3月15日，新华社发表《中国学生运动的当前任务》，号召学生坚决拥护真正和平的八项条件，粉碎美帝国主义和国民党反动政府的虚伪和平，将革命进行到底。

3月29日，全市大专学校学生纪念青年节大团结晚会在中大操场举行，几千名师生参加。晚会后，中共南京市委学委和大专分委在群情激昂的学生要求下，拟于4月1日南京政府和谈代表飞赴北平开启国共和谈之机，举行"反对假和平，要求真和平"的大游行。南京市委认为南京即将解放，为避免损失，不宜上街。但各校接到市委指示已经是31日夜或4月1日清晨，做好上街准备的学生，不顾劝说，于4月1日8点多在中大操场集合，学校的地下党组织和中大校务维持委员会胡小石教授只好随队行动，引导和保护群众。全市11所大专院校的6000多名学生和教职工从中大正门出发，经成贤街、碑亭巷，行进至总统府递交"反

"四一"惨案中牺牲的中央大学学生程履绎、成贻宾

对假和平，要求真和平"的请愿书。因代总统李宗仁去机场为代表团送行，随后主席团决定队伍游行后返回各校。剧专60多位学生乘车返校，经白下路大中桥时，突遭驻地在附近的军官收容总队打手拦截殴打。政治大学学生乘车前往营救，又被暴徒殴打，司机陈祝三被打伤闷死。中大数百学生闻讯，赶往总统府静坐，要求制止暴行、严惩凶手，遭军官收容总队暴徒围殴。当天各校学生被打伤的195人，其中重伤80人，中大物理系程履绎、电机系成贻宾分别于2日、19日伤重不治，成为最后牺牲的两位雨花英烈。

4月4日，毛泽东发表《南京政府向何处去》的评论，正告南京政府："应当以处理南京惨案为起点，逮捕并严惩主凶蒋介石、汤恩伯、张耀明，逮捕并严惩在南京上海的特务暴徒，逮捕并严惩那些坚决反对和平、积极破坏和谈、积极准备抵抗人民解放军向长江以南推进的反革命首要。""如果你们没有能力办这件事，那么，你们也应协助即将渡江南进的人民解放军去办这件事。"

　　整个民主革命时期，从两江师范到中央大学，在成贤街成长起来的共产党人、革命青年不计其数。据不完全统计，牺牲的英烈就有39名，包括两江师范1名、南高师（东大）15名、中大23名，其中经雨花台烈士陵园管理局认定在南京牺牲的雨花英烈有11人。

曾联松

曾联松设计的国旗图案原稿现藏中国国家博物馆

成贤街红色历史中还有值得铭记的一件大事：1936级中央大学经济系学生、曾任中大支部书记的曾联松设计了中华人民共和国的象征和标志——五星红旗。1949年7月新政协筹备会公开征集新中国国旗图案，引发热烈响应，共收到朱德、郭沫若、吴玉章等人的应征稿件1920件、图案2992幅。曾联松的设计稿根据田汉等建议，去掉了大五星中的锤镰，以复字第32号入选共有38幅图案的《国旗图案参考资料》。由于在政协代表非正式投票中排第一的复字第3号（一颗大五星加一条黄杠的红旗）遭到张治中的强烈反对，认为黄杠"把红旗劈为两半，不变成分裂国家、分裂革命了吗？同时，以一杠代表黄河也不科学，像孙猴子的金箍棒"。毛泽东提议再次讨论，并推荐复字第32号的五星红旗，得到审查委员会的一致赞同。9月27日，中国人民政治协商会议第一届全体会议表决，通过了中华人民共和国国旗为"红地五星旗"（次日《人民日报》发表时改称"五星红旗"）。1950年9月，曾联松收到了确认他是国旗设计者的通知和国庆一周年活动观礼券。

下篇

今日成贤街的百年变迁

1949 年以前的成贤街

自清末成贤街成为高等学府所在地，其所在区域开始加速发展。因为两江师范聘请了大批日籍教师，日本人在成贤街专门设立了邮政局，1928年的《最新首都城市全图》还标记了曾经的日本邮局位置。光绪末年，胡公律在成贤街开办了南京第一家肥皂厂，但鼎革之时毁于兵燹。1908年，有华商在成贤街建造洋房，开设洋肥皂公司（清末《通学报》）。江宁洋务局某总办在成贤街独资建设"洋式巨屋"，除了自住还开办了文德旅馆。南京光复后，日商又在成贤街开设湖月楼，经营西餐和广式夜宵。

民国初年，筹备同盟会大会的事务所就设在成贤街。1912年春，内务部次长居正奉孙中山之命整理同盟会事务，在成贤街蘧园（临珍珠桥）赁定房屋，设立事务所。3月3日在三牌楼第一舞台召开了各省代表参加的同盟会大会，制订新章程，选举孙中山为总理。4月27日，同盟会南京支部成立，方潜、夏尊武分任正副部长，事务所也设成贤街原本部事务所。

北洋政府时期，原本略显空旷的东南大学周边已成为热土，有财力者纷纷购地建馆，如安徽督军马联甲地产为成贤街11号、13号，安徽省省长何炳麟地产为成贤街57号的楼房1所等，此外还有东南五省联军总司令部总参谋杨文恺宅。成贤街还是一些政府单位的驻地。如1918年设立的侨工事务局，1919年的旅行指南还留下了邮务总局设在成贤街的记载。1922年江苏省昆虫局成立，附设于东南大学农科，这是中国第一个以现代技术防治农作物虫害的政府专业机构，机构牌子与东南大学、南高师校牌一同悬挂在学校正门门柱。1931年因经费短缺始撤销。1926年9月，管理电报线路的江苏电政监督署由上海移设成贤街39号。国民党南京市党部也设在成贤街。学校则有1922年国立南京暨南学校在成贤街新设的女子部。会馆有1925年5月12日在成贤街筹备处成立的安徽旅宁同乡会，该会不设会长，实行理事制，最高票当选的理事就是民国"暗杀大王"王亚樵。

1927年北伐军占领南京后，南京成为国民政府首都，原来北洋政府和官员的房产被没收，成了公产逆产。先是由军队纷纷抢占用作驻地，如18、19两军（桂系）驻京办事处在成贤街59号，26军（军长先后为周凤歧、陈焯）办事处驻成贤街69号，27军（原皖军第3混成旅，军长王普）办事处驻成贤街13号，14军（湘系谭延闿部，军长陈嘉佑）办事处以及后来18师（原湘系第2军改编，师长张辉瓒）通讯处也都在成贤街，黄埔同学会也一度设会址于成贤街57号，陆军四校同学总会（四校即清末陆军小学堂、陆军中学堂，民国陆军军官预备学校、保定陆军军官学校，当时国民革命军中上层军官大多为其毕业生）则设址于成贤街69号（后迁成贤街文德里桥东侧）。

南京政府成立后，紧邻中央大学的成贤街距离国民政府大院又只有一两公里路程，随着部队陆续退出，遂成为各级机关集中的区域，政府部门、社会团体等陆续进驻，其中以文教为主。除了前文提到的中央党部、大学院（教育部）、中央研究院、中央图书馆，还有国民政府法制局（局长王世杰，1928年10月撤销）设在成贤街57号，国民政府战地政务委员会驻京办曾设成贤街沙塘园7号，国立编译馆曾设成贤街教育部编审处原址，总司令部外宾招待所设在成贤街11

号、13号，江苏省妇女协会筹备委员会设于成贤街14号（1929年省妇协迁镇江，原址改归市妇女协会），南京市妇女会设于成贤街63号（1933年由市妇女救济会改组，在中央大学致和堂召开成立大会），中国国际联盟同志会在成贤街48号（1936年3月由北平迁来，朱家骅主持会务）等。此外，孙科任财政部部长时，借军委会成贤街旧址办公，6月13日迁旧金陵道署。交通部也曾在成贤街短期办公。北洋军反攻两浦时，南撤的津浦路局一度在成贤街10号设立临时办事处。

一些较有影响的杂志社也陆续在已成为文教中心的成贤街办刊，如著名女性杂志《妇女共鸣》1930年由上海迁成贤街63号，原孙中山机要主任秘书邵元冲创办的《建国月刊》1931年由上海迁成贤街51号（后又迁成贤街101号、成贤街安乐里5号），右翼文学阵营持续时间最长的刊物《文艺月刊》（1930年创刊）和中央日报副刊《文艺周刊》编辑部中国文艺社在成贤街50号，研究边疆问题的著名杂志《新亚细亚月刊》（1930年创刊）编辑部在成贤街49号，外交领域颇有影响的专业刊物《外交评论》（1932年创刊）社址在成贤街38号，20世纪40年代国学家徐复观创办的

《学原》杂志在成贤街76号。原学衡社诸人也因《学衡》没落，于1932年9月改办《国风》，并集资于成贤街111号创办钟山书局，负责其出版印刷。

《妇女共鸣》封面

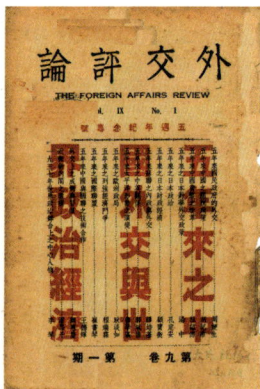

《外交评论》封面

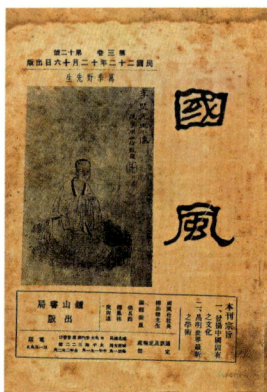

《国风》封面

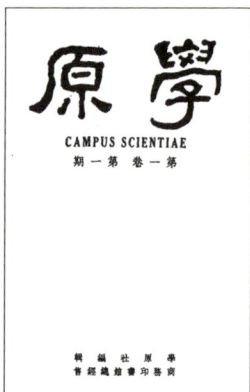

《学原》封面

抗战胜利后，张灵甫任司令的首都警备司令部设在成贤街，1946年10月改为首都卫戍司令部，汤恩伯任司令，旋迁国府路（今长江路）。又据1949年编印的《南京调查资料》《南京概况》和民国南京地图等资料，除了教育部、中央图书馆返回原址，成贤街还新增了中央党政军联席会报处（成贤街78号）、中央组织部办事处（成贤街双井巷9号）、中央执行委员会财务委员会基金保管委员会（成贤街成贤村）、三一联谊南京分社（成贤街锡山里8号，该社为国民党中央训练团与毕业学员沟通联系的组织）、国民大会代表第三招待所（成贤街50号）、空军总部空军训练司令部（成贤街60号，所占地部分让出用于中大教授宿舍）、空军照测第一团第三营（成贤街50号）、交通部公路工程管理局办事处（成贤街92号）、南京市政府参事室（成贤街成贤村4号）、南京市政府工务局材料科（成贤街92号）、南京电信局成贤街营业处等机关单位。其中，最重要的是中央党政军联席会报处，为国民党各部门情报沟通和协调机构，甲种会报由蒋介石亲自主持（又称官邸会报），乙种会报由中央组织部负责，日常事务由党政军联席会报联合秘书处

（简称联秘处）负责。成贤街文昌桥南还设有南京市立博物馆，但1949年时仅有猿猴、松鼠数只，以及鸟和野兽标本等。

20世纪二三十年代，成贤街的服务业也逐渐发展。如经营中西鞋业的京华、徐顺兴，经营洗染业的汤源兴，经营旅店业的中和旅馆、成贤旅社、福成旅馆、西成旅馆，以及天一书局、新京书店（成贤街48号）、国际书局南京分局（成贤街107号）、南京印刷公司（《京报》记者王公弢办，《朝报》第二印刷厂）等，还有依托杂志社的同名书店如新亚细亚书店（新亚细亚月刊）、建国书店（建国月刊社）。成贤街还是南京的美食重镇，除了开设多年的东南食馆，著名餐馆还有教育馆（王公弢创办，号称"京市饮食之首选"，原址为土地庙）、民生餐室、荣记饭店等，其他餐饮有成贤街16号的山东面馆、18号的顺兴茶园。1928年，著名语言文字学家、中央大学文学院教授黄侃曾在日记记录他多次去民生餐室聚餐，由于"室仄人多，殊感烦热"，等到一桌川菜上齐，品尝之后顿觉舒畅，大叹"蜀馔亦殊可口"。民国著名美食家谭延闿的成贤街公馆经常是达官贵人的宴饮之地。先后居住成贤街将军巷31号（愿夏庐）、中央大学校舍的胡小石教授也是美食家，曾创金陵名肴"胡先生豆腐"。由市政府核准在成贤街开业的医师则有成贤街永康里1号的龚济澜、成贤街16号的王海天、成贤街52号的闻亦齐、成贤街浮桥北31号的吴中士等。其中，闻亦齐是闻一多的堂弟，1930年获芝加哥大学医学博士学位，1931年曾任南京中央医院内科主任。通过南京国医馆考试，由市府核准开业的国医则有成贤街福成旅馆的王景农（内科，1952年创办了湖南省首家中医院——衡阳市中医院，并任院长）。西方兴起的电疗也在成贤街出现，1929年这里就设有南京电疗院，谭延闿经常接受电疗。1935年以后中央大学又在此建设牙医专科学校附属牙症医院。1946年国民政府还都后，经历抗战低谷的成贤街服务业有所恢复，开办了皖江旅社（成贤街41号）、成义旅馆（成贤街49号）等，教育部对面还设立了私立志仁中学。

20世纪20年代，成贤街的交通除了人力车，还是南京最早设立公交站开通公共汽车的路段。先是1924年4月，宁垣汽车公司开设了南京第一条公交线路——从下关火车站至门帘桥，其中鼓楼站至珍珠桥站间设有东南大学站，成贤街是其必经路段。但当时的公共汽车是旧车改造，木板座椅，减震功能差，乘坐体验不佳。1927年宁垣汽车公司以经营不善停业，收归公有。1928年7月15日，首都公共汽车公司开业，线路从夫子庙至下关江岸，途经成贤街，但次年11月即停业。1928年，归侨在南京创办兴华汽车公司，先后开行了三条线路，其中从夫子庙到挹江门第二路线于

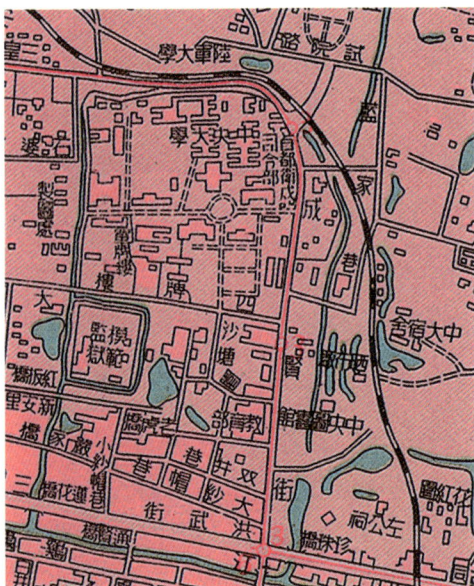

1949年《南京市街道详图》中的成贤街区域，图中显示3路公交车在成贤街设有3站

1930年10月增开，设有中央大学站，同样位于珍珠桥站与钟鼓楼站之间。1935年江南汽车公司收购兴华，在全市经营6条线路，其中在成贤街设站的是第六路环线公交，从玄武门经成贤街到城南建康路，再经新街口、鼓楼返回玄武门，成贤街站在保泰街（今北京东路西段）站和东海路（今太平北路大行宫段）站之间，以后成贤街一直属于重要的公交线路。成贤街也因为是交通要道多次维修乃至拓修，如1928年南京市市长何民魂报告："鼓楼、成贤街一带，各重要机关林立，为往来下关必经之地，数月前虽经加以修理，但不久又形损坏，现已加工重筑。"后来碎石路改成了柏油路，1935年11月又拓宽了从考试院到成贤街的马路，1936年6月拓宽了从碑亭巷到成贤街的马路。

由于区位优越，南京政府成立之初，诸多民国要人曾在成贤街居住。1927年5月白崇禧就任第二路军总指挥，其私邸即设在成贤街。同年10月，南京国民政府五常委之一、实际主持者李烈钧由成贤街40号移住丁园。1928年2月，国民政府建设委员会成立，委员长张静江因委员会经费奇缺，仅有10万元开办费，只得将成贤街私宅捐出作为最初的办公地址（后迁韩家巷）。1928年初国民党二届四中全会后，桂系首领李宗仁任中央陆军军官学校委员、国民党武汉政治分会主席和第四集团军总司令，常住南京，寓所就在成贤街56号，与第四集团军驻京办事处相对。1929年2

李宗仁夫妇

白崇禧

李烈钧

月，蒋桂战争前夕，李宗仁逃离南京，3月其宅被卫戍司令部查抄，旋归何应钦（1931年1月31日迁斗鸡闸新居），第四集团军办事处也改为年初成立的军事参议院院址。出身湘军的贺耀组1928年任训练总监部副监，其宅也在成贤街，因颇得蒋介石信任，1929年元旦一早蒋氏曾携宋美龄至其宅祝贺新年。著名外交官蒋作宾1931年任驻日公使，当年7月长江大水时自江西返成贤街住所，见附近一片汪洋，其宅亦进水尺余。继蒋介石之后任国民政府主席的林森，住址在教育部北首附近的石板桥一带，离成贤街不远，故当时也称之为成贤街官邸。

著名杂文女作家姚颖为南京市政府秘书长王漱芳之妻，二人住址在成贤街南京印刷公司对面。姚颖为林语堂所办《论语》撰写《京话》专栏，从1932年至1936年共发表41篇，专刺南京政坛人事。林语堂曾经称赞："当时《论语》半月刊最出色的专栏就是《京话》，编辑室中人及一般读者看到她的文章，总是眉飞色舞。我认为她是《论语》的一个重要台柱，与老舍、老向（王向辰）、何容诸老手差不多，而特别轻松自然。"

抗战胜利后，中央大学在成贤街74号（中贤村，今文昌桥西北）、75号还建有教授住宅，体育家吴蕴瑞、画家陈之佛等著名教授即住于此。徐悲鸿早年任职中央大学艺术系时，宿舍在丹凤街，但在成贤街北口中大校园东北角有画室两间，号称"美术复兴第一声"的著名巨幅油画《田横五百士》《傒我后》等就诞生于此。中央广播电台也在成贤街沙塘园1号建有宿舍。曾在长沙会战中力抗日军、1945年在浦口接受日军投降的五十八师副师长蔡仁杰住址则在成贤街72号。

可以说，今日成贤街的街巷布局和空间形态很大程度上是近代发展、演变的结果，但是走在老街上，遥想那些沧海桑田的故事、风云际会的人物，已恍如隔世。

1949年以后的成贤街

　　成贤街在1949年以前属于南京市第一区（1933年设）。当时各区基层实行保甲制，每个区下设若干保，保下按照自然街巷和院落分设10至20个甲，每甲少则十余户，多则百余户。第一区有36保、892甲。

　　1949年4月23日，南京解放。6月2日，接管工作队按照市军管会要求，分别进驻各区，接管区公所，成立区人民政府。24日，废除保甲制度，解散原保甲组织。7月，第一区人民政府组织地方骨干分子和留用人员，进行户口大清查、大登记，并成立联防服务队，负责治安联防和政策宣传。成贤街属于成贤街、珠江路服务队。1952年下半年，经筹备组织，成贤街所在地区成立了四牌楼居民委员会，下设居民小组。1954年下半年，原来的大居委会细分，首次成立成贤街居委会。

　　1955年，第一区改称玄武区（"文化大革命"期间一度改称要武区），区下设街道，成贤街居委会隶属新成立的玄武区四牌楼街道。1960年实行人民公社时，四牌楼与丹凤街、玄武门街道合并为丹凤街分社。1962年11月，恢复四牌楼街道，办公地点在成贤街双井巷7号。1969年，四牌楼街道与丹凤街街道合并成立文革路街道革委会。1978年9月，再次恢复四牌楼街道，办公地点改为成贤街大纱帽巷25号。1980年8月，四牌楼街道革委会改称街道办事处。1984年2月，办事处办公地点迁至成贤街63号。

20世纪50年代以来，成贤街保持了近代形成的格局，依然是文化与科教基因凸显、机关事业部门林立之处，最著名的单位分别是全国四大工学院之一的南京工学院（位于原国立中央大学校区），以及仅次于中国国家图书馆和上海图书馆的全国第三大图书馆——南京图书馆。除此之外，还有两处市级机关大院。北首114号大院陆续有市财政局、教育局、文化局、卫生局、劳动局、民政局、人事局、编制委员会、地名委员会、计划生育办公室、红十字会、盲哑协会、残疾人联合会、人才交流服务中心、留学服务中心、婚姻登记处等机关单位办公。南首43号大院陆续有中共南京市委、市财政局、卫生局、交通局、一轻局、建工局、环保局、园林局、标准计量局、交通运输指挥部、钢铁工业协会、广告协会等机关单位办公。20世纪90年代以后，两处市级机关大院的办公单位又屡有调整，如43号院曾经还是计划生育委员会、物价局、南京出版社、新闻出版局、文化局、文联、一轻局、轻工产业集团等部门的办公地，2003年各民主党派也迁至43号院，文德里桥边还有玄武区法院。

20余年前，成贤街上一度新开各类书店，再现浓郁的纸墨气韵，如邮购书店、新知书店等，附近四牌楼有华章旧书店，沙塘园有老版本旧书店。那一波书店潮退去后，成贤街仍有一家旧书肆坚守在文昌桥路口。20世纪80年代末，成贤街北首东侧又矗立起地标性建筑——南京市科学会堂，由杨廷宝高足、中国工程院院士钟训正设计，会堂的建成恰似对半个多世纪前先辈们相聚成贤街共谋科学事业的精神传承。

现在成贤街东侧北起118号为科学会堂，有展览馆、国家专利技术展示交易中心、省技术产权交易市场、市科技信息研究所、市科技成果转化服务中心等，116号为市中心医院，114号大院也改建为市中心医院新楼，现又拆除重建。其南为112号、110号、92

号院等居民区，过四牌楼街，为工商银行、东南大学成园研究生公寓、东南大学医院、南京图书馆旧馆、玄武区网格化服务管理中心、玄武区公共法律服务中心等，过文德里桥，为成贤大厦、东方珍珠VOCO酒店。成贤街西侧北段为东南大学，过四牌楼街，为南京银行、南京干部测评与高层人才服务中心、市高层管理人才交流服务中心，117号、115号小区，过成贤里，为儒家快捷酒店等沿街店铺及玄武保安公司，过沙塘园横街，为沙塘园5号、7号小区，沿街门面又是密集的餐饮店铺等，过双井巷为成贤街43号机关大院，内有市社科联（院）、网信办、妇联、红十字会、各民主党派机关等20余家机关单位，再南为成贤公寓和苏果社区店，过大纱帽巷，则为珠江路377号、375号楼。

如今的成贤街沿街居住和工作着7000多人（不包括东大校园和周边街巷），服务他们的商家大约有90余户。其中餐饮最为旺盛，有近40家，其中不乏网红店和老店。各类零售店铺也很多，其中服饰店就有12家，超市、文具、眼镜、水果等店铺17家。其他还有文印店、酒店、物流点、房产中介等。这些店铺，极富烟火味，为成贤街带来了熙攘的人气、无尽的生机和斑驳的色彩。

　　总体而言，1949年以后，由于南京城市地位的变化，成贤街的面貌也发生了重大变化，许多单位消失了。不过继承了中央大学校址的东南大学（南京工学院）仍然是成贤街的核心，也维系了成贤街自成街以来600年未变的高等教育底色。20世纪新增的原中央图书馆也得以保留，变身南京图书馆，又在此深耕50多年，为历经清代200余年沉寂、清末民国40余年辉煌的成贤街延续其文教地位，也为南京的图书馆事业薪火相传，作出了不可磨灭的贡献。近代遗留的诸多公产建筑，如原教育部旧址建筑群等，成为新生人民政权的机关用地，进一步发挥其价值，其中一些优秀建筑已经作为遗产被保护和利用。其他区域和逐渐陈旧破败的建筑则不断迭代更新，通过价值重塑让这条古老街道续写走向未来的故事。

　　如今，城市更新已经成为城市建设的重要策略。在焕新老旧片区的过程中，南京提出针对有深厚历史文化内涵和资源的街区要以"小尺度、渐进式、微更新"的方式，加强文保建筑、历史建筑保护修缮和活化利用，促进老城文化复兴。成贤街的未来发展应该抓住这一重要契机，维护好明清奠定的主街格局、近代以来逐渐定格的街区形态，重点做好圣贤文化、科教文化、红色文化三大文化资源的整理、保护和彰显。对成贤街及毗邻街巷应全面制订整体更新规划，重点突出影响了空间形态或有建筑遗存的明代国子监、清末两江师范、民国南高师（东南大学）、谭杨故居、国立中央研究院、国立中央图书馆和民国大学院（教育部）的文化内涵和价值呈现。同时，与上述大名鼎鼎的重要建筑相比，近代成贤街还曾经有过很多已消失在历史尘埃中的馆舍建筑、名人居所，渐渐为人淡忘，也应该在未来的更新改造中予以浓墨重彩地展示。特别是风云变幻的革命年代为成贤街植入了深厚的红色基因，但在整个街区物理空间中并未得到充分体现，也没有进行过持续广泛的宣传，今后更应深入挖掘，做到高辨识度的空间再现，使成贤街成为南京又一处红色文化高地和开展常态化党史教育的重点阵地。

主要参考资料

1. ［唐］许嵩撰：《建康实录》，南京出版社2020年版

2. ［宋］张敦颐撰、李焘撰：《六朝事迹编类·六朝通鉴博议》，南京出版社2007年版

3. ［宋］马光祖修、周应合纂：《景定建康志》，南京出版社2009年版

4. ［宋］马令撰、陆游撰：《南唐书（两种）》，南京出版社2010年版

5. ［明］礼部纂修：《洪武京城图志》，南京出版社2011年版

6. ［明］陈沂撰：《金陵古今图考》，南京出版社2017年版

7. ［明］黄佐撰：《南雍志》，南京出版社2016年版

8. ［明］黄儒炳撰：《续南雍志》，南京出版社2016年版

9.［明］徐必达著：《南京都察院志》，南京出版社2015年版

10.［清］张廷玉等撰：《明史》，中华书局1974年版

11.［清］陈开虞纂修：《康熙江宁府志》，南京出版社2017年版

12.［清］武念祖修、陈栻纂：《道光上元县志》，南京出版社2011年版

13.［民国］蔡元培著：《蔡元培日记》，北京大学出版社2010年版.

14.［民国］南京特别市市政府编：《民国首都市政公报》，南京出版社2016年版

15.［民国］叶楚伧、柳诒徵主编，王焕镳主纂：《首都志》，正中书局1935年版

16.［民国］国立中央研究院编：《国立中央研究院概况》，南京出版社2023年版

17.玄武区地方志办公室编：《玄武区四牌楼街道志》，1985年

18.中共南京市委党史工作办公室编：《南京人民革命史》，南京出版社2005年版

19.中共南京市委党史工作办公室编：《南京概况》，南京出版社2014年版

20.中共南京市委党史工作办公室、南京市档案馆编：《南京调查资料校注》，南京出版社2019年版

21.汪晓茜著：《大匠筑迹：民国时代的南京职业建筑师》，东南大学出版社2014年版

22.南京大学校史研究室：《南京大学校史资料选编》，南京大学出版社2018年版

23.刘建强编著：《谭延闿年谱长编》，上海交通大学出版社2021年版

24.卢海鸣著：《南京近代建筑》，南京出版社2024年版